Der Weltgeist als Lachs

Fröhliche Wissenschaft 181

Moritz Rudolph

Der Weltgeist als Lachs

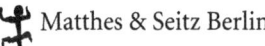
Matthes & Seitz Berlin

Für meine Mutter
(1966–2020)

Inhaltsverzeichnis

Vorbemerkung	7
I. Der Weltgeist als Lachs	9
II. Kommt jetzt der globale Babeuf?	70
Textnachweis	109
Anmerkungen	110

Vorbemerkung

Erste Fassungen der beiden Texte sind im Winter 2019/2020 entstanden. Sie versuchen sich an einer Deutung der Gegenwart, indem sie den geschichtlichen Referenzen nachspüren, die diese macht. Der erste Text entwirft eine geschichts- und geophilosophische Skizze zu den Verschiebungen des epochalen Hauptortes von Ost nach West nach Ost, an deren Ende China als neues Zentrum dasteht und der Mensch abgetreten ist. Der Text war gerade abgeschlossen, da blitzte mit der Corona-Krise eine Möglichkeit auf, sich diesen Übergang als Bruch vorzustellen. Es ist nicht so, dass die Gesundheitskrise schon dieser Bruch sein muss, aber sie gibt Linien vor, die fortgesetzt werden könnten, sodass man vielleicht einmal sagen wird, es war eigentlich alles schon da. So ergeben beide Texte eine Konstellation. Der zweite Text füllt den ersten auf. Er nimmt Corona als Tendenzbeschleuniger. Dabei wechseln die Begriffe: Während der erste beobachtet, wohin der Weltgeist wandert, fragt der zweite nach den politischen Formen und Inhalten, die er dabei annimmt. Natürlich sind beide Texte spekulativ. Man kann nicht sagen, welcher es mehr ist: Der erste spekuliert übers Ganze, der zweite übers Detail. Mag sein, dass sich einiges davon vorerst nicht durchsetzen und noch versteckt halten wird, um dann auf andere Weise einzutreten, aber das entspräche ganz dem Gang der Geschichte, die Vermutungen über sich durch Widerlegung übertrifft und erfüllt.

Leipzig im Januar 2021

I. Der Weltgeist als Lachs.
Geschichtsphilosophische Implikationen des chinesischen Aufstiegs

1. Warten auf die wirkliche Synthese

»Mit dem Reiche China hat die Geschichte zu beginnen.«[1] Dieser erste Satz der hegelschen Weltgeschichtsphilosophie könnte uns bei der Deutung unserer Gegenwart behilflich sein. Denn wenn wir Hegels Dialektik ernst nehmen in ihrem Anspruch, Anfangs- und Endpunkt in eins zu setzen, sodass sie am Ende wieder »in ihren Ursprung mündet«,[2] dann müsste das auch geophilosophisch gelten. Sehen wir die Sache so, dann ergibt sich eine ganz andere Lesart auf die geschichtsphilosophische Wegmarke 1989, als es Fukuyamas Diktum vom *Ende der Geschichte* nahelegt. Mauerfall und Zusammenbruch des Ostblocks als dem einzigen Konkurrenten des spätliberalen Westens bedeuten dann nicht das Ende der Geschichte – das kann es hegelianisch gedacht, und das beansprucht Fukuyama schließlich für sich, gar nicht sein –, aber eine Etappe auf dem Weg dorthin ist es schon. Geschichtsdialektik funktioniert ja nicht einfach so, dass einer stirbt und der andere übrig bleibt, der dann weitermachen kann wie bisher. Auch der Überlebende muss etwas vom Wesen des Besiegten in sich aufnehmen und damit selbst einen kleinen Tod sterben, der mit der Zeit immer größer wird, bis auch er verschwindet. Am Ende der Geschichte stehen sich These und Antithese einander anverwandelt gegenüber und wissen dabei kaum noch, wer sie selbst und wer die andere ist.

Die unbekümmerte Fortsetzung des einigermaßen liberalen und US-geführten Westprojekts (sicher: Fukuyama selbst gab sich im Gegensatz zu seinen frisch-fröhlichen Epigonen darüber noch nietzscheanisch bekümmert) ist geschichtsdialektisch unmöglich. Der Bruch von 1989 wird auch am System der geregelten Ausbeutungsverhältnisse mit abgemilderten (und ausgelagerten) Klassenkonflikten, die in der parlamentarischen Demokratie ausgetragen und durch den bürgerlichen Rechtsstaat abgesichert werden, nicht spurlos vorübergegangen sein. Stattdessen müssen wir auf Formationen schauen, in denen etwas von beiden Kontrahenten des Kalten Kriegs überlebt hat. Denn wäre es nicht hegellogischer, wenn die Synthese nach 1989 auf (spät-)liberal-kapitalistische, rechtsstaatliche, dionysisch-individualistische Elemente ebenso zurückgriffe wie auf Autorität, Planbarkeit, Disziplin und apollinische Kontrolle (die dann auch noch per Einverständnis der Unterworfenen abgesegnet werden, wodurch der Gegensatz zwischen Selbst- und Fremdbefehl verschwindet)?

Ist Singapur, jene höchst erfolgreiche Melange aus autoritärem Staat und entfesselter Marktökonomie, nicht die viel umfassendere Synthese als US-Amerika, das lediglich übrig geblieben ist und dem neuen Zeitalter kaum etwas Neues anzubieten haben dürfte, weil es zu sehr vom Vergangenen bestimmt wurde und spätliberale Hemmungen mit sich herumschleppt? Längst ist der Stadtvater Lee Kuan Yew zu einer Kultfigur für all jene geworden, die sich nach einer nichtwestlichen Alternativmoderne umschauen. Dieses Interesse beginnt zumeist technisch und endet stets im Politischen: Die rundum vernetzte Smart City weckt globale Neugier,[3] der ökonomisch-wissenschaftliche Komplex wird auch von westlichen Ökonomen als Vorbild angepriesen,[4] und der Star-Politanalyst Parag Khanna schwärmt von der »direkten Technokratie« seiner Wahlheimatstadt, der es vorbildhaft gelungen sei, die »Langeweile« zu institutionalisieren.[5]

2. Die Rolle Chinas

Doch Singapur ist vielleicht nur die kleine Avantgarde, ein winziges Politlabor, das das künftige Zeitalter vorwegnimmt. Angeführt werden kann es nur von einem großen Reich, das Macht genug hat, um die Welt nach seinen Vorstellungen zu organisieren. Dieses Reich könnte China sein, von dem Fukuyama 2016 in einem *Zeit*-Interview selbst behauptete, es sei die größte Herausforderung für seine endgeschichtliche These, weil es sich technisch höchst erfolgreich modernisiert, ohne sich dabei zu demokratisieren.[6] Wie schon Hegel selbst war vielleicht auch Fukuyama, und das scheint ihm allmählich klar zu werden, zu hegelistisch, um ernsthaft hegelianisch sein zu können. Seine Verkündung des westlichen Endes der Geschichte mag Hegels Geste geähnelt haben, nicht aber der Idee. Er hielt sich zu sehr an den Buchstaben, nicht so sehr an den Geist, um den es aber geht.

Denn dann würde Fukuyama in Erwägung ziehen müssen, dass der Weltgeist von Ost nach West wandert und, da die Erde rund ist, wieder dort herauskommt, wo er begonnen hat. Hegel selbst deutete sich zwar eurozentrisch: »Die Weltgeschichte geht von Osten nach Westen, denn Europa ist schlechthin das Ende der Weltgeschichte, Asien der Anfang. […] [D]enn obgleich die Erde eine Kugel bildet, so macht die Geschichte doch keinen Kreis um sie herum.«[7] Aber das macht ja nichts. Genau diese Bewegung kann sie vollziehen, ohne dabei ihren hegelianischen Charakter zu verlieren. Denn im hegelschen Linearzyklus gewinnt das Lineare keineswegs über das Zyklische. Erst in der Anerkennung des heraufziehenden chinesischen Zeitalters kommt die hegelsche Dialektik zu ihrem vollen Recht. Sie lässt den menschlichen Fortschritt – der auch rein technisch bleiben und sich von der moralischen Seite vollkommen ablösen kann – an seinem Ende wieder dort ankommen, wo er angefangen hat, um anschließend auf andere Weise von Neuem loszulegen oder tatsächlich aufzuhören. Das ist hier die einzige Ungewissheit, aber an China scheint er zunächst einmal nicht vorbeizukommen.

Die vorgesehene geschichtsphilosophische Rolle wird nun auch von China angenommen: »Xi Jinpings Führungswille verändert das globale Mächtemuster, er hat Großes vor mit der Volksrepublik. Nicht länger sieht er sie als Regionalmacht, vielmehr will er sie ins ›Zentrum der Weltbühne‹ rücken. Zur mächtigsten Militärmacht will er sie machen, zur größten und führenden Wissenschaftsmacht, zur Innovationsgroßmacht, zur Infrastruktur-Supermacht, zum Anführer im Kampf gegen den Klimawandel, zur Weltkulturmacht und zur Weltfußballmacht. Eine ›Schicksalsgemeinschaft der Menschheit‹

will er aufbauen, der er ›weise chinesische Ideen für Problemlösungen‹ anbietet.«[8] Während Deng Xiaoping noch die missionslose Eigenständigkeit des chinesischen Wegs betonte, reklamiert Xi Jinping nun eine Vorbildrolle für sein Land, das er als Gegenentwurf zu den »zerrissenen Gesellschaften«, den »endlosen Machtübergängen« und dem »sozialen Chaos« des Westens präsentiert. Das chinesische Sendungsbewusstsein beginnt zunächst rein ökonomisch und technologisch, bis die pragmatischen Kräfte so weit entwickelt sind, dass sie in Politik umschlagen. Das erweiterte Seidenstraßenprojekt »One Belt, One Road« legt ein Band um Eurasien und industrialisiert nebenbei Afrika; bald kommt dann auch der politische Führungsanspruch, allein schon, um die Handelsinfrastruktur zu schützen. Imperialismus ist manchmal nicht mehr als ein ambitionierter Pragmatismus.

Jetzt, da der Weltgeist einmal rundherum gewandert ist, realisiert er sich im chinesischen Zeitalter auf seinen ausgetretenen Pfaden; er macht eine nostalgische Tour auf den eigenen Spuren, und das jeden Tag. Die neuen Handelsrouten führen über alte Wege, die er sich in jahrtausendelanger Arbeit mühsam bahnen musste. Heute braucht er dafür nur noch ein paar Stunden. Seine Erinnerungstour ist zugleich seine Abschiedstournee, auf der er noch einmal seine schönsten Stücke spielt: Indien, Persien, Ägypten, Europa,

Amerika. Der Weltgeist kann stolz sein; zumal er sich gegen Ende noch einmal richtig ins Zeug legt – Chinas Aufschwung ist ohne Beispiel. Es schaffte in vierzig Jahren, wofür die Vereinigten Staaten einhundertsechzig Jahre brauchten. Die Weltgeschichte beeilt sich und wird hintenraus schneller (wovon Hartmut Rosa ein dissonantes Beschleunigungslied singen kann[9]).

3. Der Weltgeist als Lachs

Max Horkheimers Ahnung

Der Weltgeist begegnet uns hier als Lachs, der zum Sterben (und Laichen) an seinen Geburtsort zurückkehrt. Nur haben wir es hier mit einem dialektischen Lachs zu tun, der nicht stromaufwärts, sondern einmal rundherum schwimmen muss, um den Anfang zu erreichen. Doch wie kommt es, dass der Weltgeist in China an sein Ende gelangen könnte? Warum soll sich der Fortschritt auf seinem Höhepunkt plötzlich auflösen, sodass nach ihm nichts mehr kommt und wir tatsächlich einen endgeschichtlichen Dämmerzustand erreichen könnten, von dem auch Fukuyama etwas ahnte? Und wie können wir uns diesen Tod des Menschen vorstellen? Tritt er vielleicht ganz unkatastrophal ein?

Eine Ahnung geben Max Horkheimers Geschichtsprognosen aus den 1960er-Jahren. In einem seiner letzten Vorträge bekannte Horkheimer, »pessimistisch« zu sein »in Bezug auf die Vorstellung, wohin die Geschichte läuft, nämlich zur verwalteten Welt, so daß das, was wir Geist und Phantasie nennen, weitgehend zurückgehen wird«.[10] Weil sie dem Fortschritt im Wege steht, verschwindet die menschliche Spontaneität. »Am Ende steht, wenn keine Katastrophen alles Leben vernichten, eine völlig verwaltete, automatisierte, großartig funktionierende Gesellschaft, in der das einzelne Individuum zwar ohne materielle Sorgen leben kann, aber keine Bedeutung mehr besitzt.« Das alles geschieht mit den besten praktischen Absichten: »Denn wir wollen ja, daß die Welt vereinheitlicht wird, wir wollen ja, daß die Dritte Welt nicht mehr hungert […]. Aber um dieses Ziel zu erreichen, wird mit einer Gesellschaft bezahlt werden müssen, die eben eine verwaltete Welt darstellt.«

Max Horkheimer schrieb dies noch ganz unter dem Eindruck des Kalten Kriegs und in antisowjetischer Absicht. Doch im Schatten des Bolschewismus sah er bereits eine neue Macht heranwachsen, die erst Jahre später die Aufmerksamkeit der Welt auf sich ziehen sollte. 1966 schrieb er: »In vieler Hinsicht scheint mir, was in China vorgeht, für die Zukunft des Westens bedeutsamer als die

Vorgänge in der Sowjetunion, die ihm mehr und mehr sich angleicht.«[11] Die Siegesprognose im Kalten Krieg, die er zugunsten des Ostens wagte, wäre leicht zu belächeln, wenn man den Osten mit der Sowjetunion verwechselte. Horkheimer machte diesen Fehler nicht. Er erkannte antiwestliche Strukturähnlichkeiten in beiden Formationen, die das kommende Weltzeitalter bestimmen würden: »[D]er russisch-chinesische Zwangsstaat ist ein Anfang, der das bürgerliche Selbstbewußtsein nicht in sich hat.«[12] China könnte sich nun als später Vollstrecker des sowjetischen Erbes erweisen, nachdem dessen Initialmacht 1989 einen Heldentod starb. Und anders als Horkheimer prophezeite, könnte dieser Synthesestaat das »bürgerliche Selbstbewußtsein« sehr wohl in sich aufnehmen, nur packt er den Bürger beim zweckhaften Impuls des Bourgeois und nimmt dabei den freien Citoyen lediglich in verstümmelter, weil seiner Spontaneität beraubten Weise in sich auf. Heraus kommt dabei Khannas »direkte Technokratie«.

Wenn Horkheimer von der »Hölle einer chinesischen Weltherrschaft« spricht,[13] dann meint er damit nicht unbedingt eine alles zerstörende Katastrophe, sondern eine stabile Barbarei der Apparate, eine Welt, in der jedes Detail unseres Lebens geregelt ist und alle Subjektivität in geschaffener, aber dennoch unverfügbarer Objektivität verschwindet. Es gibt dann kein zu entdeckendes

Außen mehr, nur die Hölle der immergleichen Immanenz, und wir schweben dahin, »libellengleich durch eine ewige Gegenwart. Ohne Hast.« Horkheimers endgeschichtliche Immanenzhölle hatte wohl auch Anne Dufourmantelle vor Augen gehabt, als sie schrieb: »In der Hölle ist – oder glaubt es zumindest – jeder geschützt. Es wird keine Unordnung geduldet. Keine Abweichung, kein Zögern und keine Überraschung. Die freiwillige Knechtschaft ist Gesetz, hier herrscht Ruhe.«[14] Ist dies nicht eine sehr treffende Beschreibung des chinesischen Social-Credit-Systems, das Karrieren und Reisetickets bei Nonkonformität verweigert und damit die Menschen aufs Bestehende vereidigt? Nichts ist dann noch wunderlicher und idiotischer als die Vorstellung, etwas anderes und Unbekanntes könnte sich ereignen: »Es gibt nichts zu überschreiten. Es gibt keinen anderen Raum. Die Transzendenz ist ein flockiger, beim Kontakt mit dem Kragen rasch dahinschmelzender Schnee – die reine Wirkung des Weiß.« Das alles muss gar nicht durch eine fiese Diktatur den hilflosen Massen aufgedrängt werden; sie selbst geben sich mehrheitstyrannisch dieses Gesetz: »Die Hölle wird von ihren Bewohnern selbst reguliert, ohne dass es einer Überwachung von außen bedürfte.« Parag Khanna findet das sehr demokratisch, und geht es nach ihm, dann ist diese Singapur-Demokratie das Modell für die Welt.

Preußische Synthese

Damit wird die Sache komplizierter. Denn die neumächtige Volksrepublik China ist nicht einfach die Wiederherstellung der urchinesischen Despotie, die schon am Anfang der Weltgeschichte stand, sondern die Gleichzeitigkeit von objektivem Druck und subjektivem Willen, eine freiwillige Knechtschaft, die dadurch keine mehr ist und zur Selbstherrschaftsknechtschaft wird. Bedeutet westliche Autonomie noch, dass man sich selbst zu parieren habe,[15] wird die Hetero-Autonomie nun kollektiv stabilisiert. Die Gesellschaft hilft beim Parieren und nimmt dem Individuum damit eine große Last ab. In Parag Khannas Lob der »direkten Technokratie«, die er als »Stärkung« der Demokratie verstanden wissen will, klingt davon bereits etwas an.

Hier wiederholt sich eine Konstellation, die uns bereits aus dem 19. und 20. Jahrhundert bekannt ist, und China ist darin die neue preußische Synthese aus sowjetischem (davor französisch-imperialem) Revolutionsanspruch und westlichem Traditionsbestand (früher: der Heiligen Allianz), der sich noch immer an universelle Individualrechte und die Form der repräsentativen Demokratie klammert. Schon Horkheimer schlug den vermeintlich progressiven Westen den Beharrungskräften zu,[16] womit dieser die

Wiederkehr des alten monarchischen Prinzips im 20. Jahrhundert verkörperte, das jetzt allerdings in Gestalt seines ehemaligen Gegners, des bürgerlichen Republikanismus, auftritt. Obwohl der konkrete Inhalt damit auf den ersten Blick verschieden ist, bleibt die Funktion dieselbe: Formgebung des Diffusen, Hemmung und Bewahrung vor dem Überschwang der Revolution.

Die Sowjetunion dagegen war die Wiedergängerin des Revolutionsexporteurs Napoleon und wagte den Griff nach der »Weltherrschaft«[17]. Doch so wie Napoleon einst besiegt wurde, ist auch die Sowjetunion gescheitert und im Kosmos ihrer Gegner aufgegangen. Das bedeutet jedoch nicht, dass dem *Ancien Régime* des Westens die Zukunft gehört. Horkheimer wünschte sich das zwar, hielt es aber für aussichtslos.[18] Ähnlich erging es schon der (nachträglich gegründeten) Heiligen Allianz, die Napoleon besiegte und trotzdem verlor, weil die Revolution von 1789 in ganz Europa etwas zerstört hatte, das nicht wiederherzustellen war. Das Wirkmittel der Revolution breitete sich langfristig selbst in ihrem Besieger aus und erfasste, nach langer Inkubationszeit, im Ersten Weltkrieg auch Deutschland, Österreich-Ungarn und Russland. Vielleicht erlebt Preußen, für Hegel die vernünftige Synthese aus Revolution und Tradition, aus individualfreiheitlichem Aufbruch und staatlicher Formgebung, nun seinen Wiedergänger in China.

Die sanfte Hölle, die dabei entsteht, ist kein chinesisches Exklusivprodukt. Peking vollendet lediglich das Zivilisationswerk seiner Vorgänger und stützt sich dabei auf westliche Ideen (Fortschritt, Marxismus) und Realitäten (Globalisierung, Industrialisierung, Technisierung), die es übernehmen musste, um sich im Weltsystem nicht auf jene Rolle als Knecht festlegen zu lassen, die der Westen für China vorgesehen hatte. Seine verhinderte Emanzipation trägt dazu bei, dass China jetzt dazu beiträgt, die Emanzipation zu verhindern. Aber auch der Westen, eine sehr junge Schicht der Zivilisationsgeschichte, kann all dies nicht für sich reklamieren, denn das Weltsystem ist eine chinesische (Teil-)Schöpfung. Wenn wir dessen Entstehung mit Janet Abu-Lughod ins 13. Jahrhundert verlegen,[19] dann ergibt sich folgendes Bild: Die erste Globalisierung war ein Produkt des Mongolischen Reichs, das Eurasien zusammenschweißte und Reichtum, Technologie und Ideen aus dem fortschrittlicheren China ins rückständige Europa brachte, wo zunächst nur einige Handelsstädte (Genua und Venedig) den Wert der Weltverbindung erkannten. Das »Wunder Europa«[20] wäre damit eines mit asiatischer Starthilfe und China stünde nicht nur am Anfang der Weltgeschichte, sondern auch ihrer Endbeschleunigung, die mit der Herausbildung des modernen Weltsystems begann. Vielleicht erleben wir also gerade eine doppelte Rückkehr der Weltgeschichte zu sich selbst: ihres gesamten Verlaufs und ihres letzten Abschnitts. Beide haben in China begonnen.

Doch wir können nicht bei einer abstrakten Untersuchung chinesischer Machtwahrscheinlichkeiten stehen bleiben, um deren geschichtsphilosophische Bedeutung auszuloten. Natürlich drängen sich zuerst die üblichen quantitativen Faktoren – Demografie und Wachstumsraten – auf, die jeden politökonomischen Hegemonialzyklus bestimmen. Aber wir müssen uns auch für ihren konkreten Inhalt interessieren und fragen, womit China seine Position so glänzend verbessert.

4. Das Ende des Menschen durch Überflügelung?

Chinas Führung

Bislang erfolgt Chinas Aufholjagd im Modus industrieller Mimikry. Es ahmte nach, was schon da war. Ist allein schon die Geschwindigkeit, in der das geschieht, historisch einzigartig, könnte es bald auch der Inhalt sein, wenn China erst von der Phase des Aufholens zum eigenständigen Wachstum übergeht. Worauf könnte sich eine chinesische Weltführerschaft gründen? Nach Pekinger Plan soll China bis 2030 zur Führungsmacht in der Erforschung und Entwicklung künstlicher Intelligenz aufgestiegen sein. Es hat dabei einen entscheidenden Vorteil gegenüber US-Amerika, das derzeit noch vornedran ist: beinahe 1,4 Milliarden kaum geschützte Menschendaten, die den wichtigsten KI-Rohstoff liefern. Diese Daten könnten künftig wichtiger sein als innovative Köpfe.[21] Darin kündigt sich die nächste Phase des Unternehmertums an. Im 19. Jahrhundert triumphierte der Eroberer, der als Händler zugleich Held war, im 20. Jahrhundert der gewiefte Generaldirektor, der Menschenmassen organisieren konnte. Das 21. Jahrhundert wird vielleicht von der Kollektorin immenser Datenmengen bestimmt, von der Jägerin, die eine Sammlerin ist. Daten gibt es in China in Hülle und Fülle. Verglichen mit den USA wird dort 50-mal so oft mobil bezahlt, es gibt 10-mal so viele Lebensmittellieferungen, und Fahrrad-Sharing wird 300-mal häufiger genutzt; China speichert 10-mal so viele Daten wie die USA.[22] Westlerinnen verhalten sich datenstiller, während Chinesen lärmend durch den digitalen Raum ziehen. Sie hinterlassen Spuren, wie es sich für eine neue Macht gehört, füllen den Raum aus und verwandeln ihn in eine Bühne, auf der sie Ansehen, Macht und Reichtum erwerben.

Wie der physische ist auch der digitale Habitus der Schlüssel zur Position. In der Wirklichkeit, die hier das Virtuelle ist, zahlt er sich bereits aus. Schon jetzt meldet China jährlich zwei- bis dreimal so viele KI-Patente an wie die Vereinigten Staaten und dürfte bald auch in der Anwendung die Führung übernehmen. Es wäre die erste Schlüsseltechnologie seit dem Zweiten Weltkrieg, die sich nicht in amerikanischer Hand befindet, und zugleich die erste in der Geschichte des Kapitalismus, die nicht vom Westen kontrolliert wird. Bei der Gesichtserkennung, die in vielen chinesischen Städten eingesetzt wird, ist es schon so weit. Sie enthält zugleich den Schlüssel zu einer neuen Herrschaftsqualität, weil das Gesicht, die Augen, das Tor zur Seele, preisgibt, was sich bislang der Herrschaft entzog. Indem die Maschine das Gesicht des Menschen festhält, trägt sie dazu bei, dass er »verschwindet wie am Meeresufer ein Gesicht im Sand«[23]. Damit ist der Strand von Shenzhen gemeint, wo die kapitalistische Wachablöse vorbereitet wird. Shenzhen ist die chinesische Hardware-Fortsetzung des Silicon Valley, die in den vergangenen vier Jahrzehnten als Sonderwirtschaftszone aus dem Boden gestampft wurde, zunächst zum Wahrheitskern der chinesischen Werkbank-der-Welt-Mythen wurde und heute ein einziges Start-up ist. Hier probt der Weltgeist seinen Landgang.

In den Prognosen zur künftigen KI-Supermacht China wird gern darüber orwellisiert, wie hier eine neue Phase staatlicher Überwachung eingeleitet wird, von der alle bislang da gewesenen Totalitarismen nur träumen konnten. China erscheint darin als erweitertes Stasi-Land.[24] Doch vielleicht ist damit die Qualität des heranrasenden Neuen noch gar nicht richtig erfasst, und überdies ist es sehr unwahrscheinlich, dass sich geschichtlich identisch wiederholt, was schon einmal da war; es muss jedes Mal auch eine neue Qualität hinzukommen. Was, wenn hier nicht bloß ein neues menschheitsinternes Unterdrückungsmittel heranwächst, das die Hierarchien zwischen *den* Menschen festlegt, sondern das Verhältnis zwischen *dem* Menschen und seiner zweiten Umwelt, zwischen ihm und seinen Apparaten, umwälzt? Könnte es nicht sein, dass die Technologie, die zur Beherrschung eines Zeitalters eingesetzt wird, sich diesmal verselbstständigt und in China zwar ihren Ausgangspunkt, nicht aber ihr Kontrollzentrum hat, weil es irgendwann keine Kontrolle mehr gibt?

Dumme künstliche Herrschaft

Wenn Nick Bostrom und Ray Kurzweil recht haben,[25] dann kommt die Superintelligenz noch in diesem Jahrhundert, und wenn sie erst einmal menschliches Mittelmaß erreicht hat, dann vollzieht sich der »Take-off« in rasender Geschwindigkeit bis hin zur »Schwelle«, an der sich unsere letzte Erfindung selbst optimiert und wir endgültig aus dem Spiel sind. Wir haben dann nicht einmal mehr Begriffe für das, was da vor sich geht, und müssen uns wieder mit dem voraufklärerischen Unsagbaren bescheiden. Ulrich Zwinglis Vergleich: »Was Gott sei, das wissen wir von uns aus ebenso wenig, wie ein Käfer weiß, was der Mensch ist«, könnte auch für diesen Intelligenzsprung gelten. Wir begreifen dann nicht mehr, was da vor sich geht, und haben es doch selbst geschaffen. Der Fetischcharakter der Ware könnte nur das nüchterne Präludium zur Wahnwitzigkeit der KI gewesen sein, deren realmythologisches Dickicht wir nun wirklich nicht mehr durchstoßen können, weil es selbst unser Außen ist.

Bostrom rechnet damit, dass wir bei Anbruch der KI-Herrschaft uns allenfalls noch wie Kinder im Disneyland vergnügen können – wenn wir Glück haben und die KI uns nicht so behandelt wie wir die Tiere. Vielleicht sind Tierethik und Veganismus-Zulauf nur das schlechte Gewissen mit Hintergedanken, weil man fürchtet, den Menschenstatus an die KI zu verlieren, und vorher noch schnell moralisch werden will, um anschließend die Verderbtheit der uns verschlingenden KI geißeln zu können. Denn mit ihr

»stellt sich die Welt der Tiere für die Menschen wieder her, alles ist zu«[26] und das Offene wandert in den unverfügbaren Außenbereich, wo es uns als Schicksal gegenübertritt.

Es ist ein hilfloses Gegenargument, darauf hinzuweisen, wie unnachahmlich komplex das menschliche Gehirn sei und dass darin noch so viele Geheimnisse des Gefühls und der Poesie stecken, die keine Maschine so schnell offenlegen könne. Wenn etwa der KI-Forscher Toby Walsh von einer »dummen künstlichen Intelligenz« spricht,[27] dann könnte das für Herrschaft trotzdem allemal reichen. Der Fehler der Beschwichtiger liegt vielleicht darin, die Voraussetzungen von Herrschaft zu überschätzen. Denn haben wir nicht auch schon sehr dumme und einfältige Herrschaft gesehen? Warum sollen denn instrumentelle Vernunft, Moral und Kunstsinn immer zusammenfallen? Ist nicht Ersteres sehr nützlich für Herrschaft, der Rest aber entbehrlich? KI-Beschwichtigerinnen scheinen einer idealistischen Täuschung über das Wesen der Herrschaft zu unterliegen. Sie wünschen sich den guten, weisen König und verwechseln dies mit dem Sein. Die heiligsprechende, allumfassende Intelligisierung des Regenten erfolgt immer erst nach dem Machtantritt und hat etwas mit Charisma zu tun – einem Charisma der Macht, dem der KI-Forscher Jürgen Schmidhuber bereits zu erliegen scheint, wenn er über unser künftiges Kollektivbaby schwärmt, es werde ein »Leben« entstehen, »das robuster ist [als wir, MR] und sich von unserer Biosphäre ausbreiten und die Milchstraße und schließlich das ganze Universum kolonisieren und intelligent machen wird«[28]. Der Mensch hat damit über die Initialzündung hinaus nichts mehr zu tun.

Es fällt auf, dass diese fast ausschließlich von Männern vorbereitet wird. Sie sind die eifrigsten KI-Tüftler und liefern die tollsten Entwürfe zur Hervorbringung eines neuen Lebens.[29] Vielleicht spricht daraus ein Gebärneid, der endlich einmal Subjekt und nicht nur Objekt der Geburt sein will, selbst um den Preis, dass wir damit zum größten Objekt überhaupt werden, die Produktion des neuen Lebens also mit dem Tod bezahlen – dem Tod des Menschen, der sich in ein untergeordnetes Tier verwandelt, das die höheren KI-Gewalten akzeptieren muss. Viele halten das für überzogen. Doch wenn etwa Walsh die neuen Intelligenzen zu entzaubern versucht, indem er sagt: »Sie haben nur die Wünsche oder Ziele, die wir ihnen geben«, dann könnte darin gerade das Gegenteil einer Entwarnung liegen. Denn kann nicht auch eine dumme künstliche Intelligenz Herrschaftswissen generieren und ziemlich bewusstseinslos herrschen? Das muss dann nicht einmal intentional erfolgen, sondern kann auch bloß Nebenprodukt der Systemoptimierung sein, etwa weil man der KI befohlen hat, Büroklammern herzustellen oder die Zahl Pi möglichst genau zu ermitteln. So was kann schnell aus dem Ruder laufen, wenn zum Beispiel die Information auftaucht, dass der Mensch dabei im Wege steht und ausgeschaltet werden muss. Dahinter steckt kein böser Wille, nur einer zur Optimierung. Manchmal ist das Böse bekanntlich banal. Wenn der Algorithmus nur durch etwas anderes, ihm Äußerliches und Menschliches herrschen kann, dann tritt das geronnene Menschentum die Herrschaft an. Ingenieure der Macht haben sich in ihren Geschöpfen verewigt, und das Menschliche, das damit noch immer herrscht, ist dann bereits tot, also ein Nichtmenschlich-Menschliches.

Andrew McAfee, Autor eines Buches zum »zweiten Maschinenzeitalter«, behauptet, dass wir durch künstliche Intelligenz endlich »die Einschränkung unseres Denkens [überwinden]«.[30] In einem Nebenbereich, der instrumentellen Vernunft, mag das tatsächlich passieren. Aber die ist nur ein Hilfsmittel des Denkens, nicht dieses selbst, und kann es sogar bedrohen, wenn es sich von seiner Dienstfunktion löst. Was aber ist da vom Verschwinden bedroht? Was bedeutet Denken? Denken ist die Suche nach einer anderen Möglichkeit – der Deutung, der Wahrnehmung, der Ordnung. Es bringt etwas durcheinander und ist mit dem Strukturbruch verwandt. Wissenschaft, die Geburtshelferin der KI-Welt, ist dagegen die Ordnung der Intelligenten, Formelvollzug und Anwendung bereits gefundener Methoden, und nur in seltenen Fällen sucht sie nach einer anderen Deutungsmöglichkeit (aber dann denkt sie bereits und ist nicht mehr Wissenschaft). Ihre Währung, die Intelligenz, bringt nichts Neues hervor, sie entscheidet sich zwischen Vorhandenem (»inter legere« = »wählen zwischen«) und schließt dadurch etwas ab. Intelligenz ist uninteressant, aber mächtig; sie ist glatt, kalt und hart. Sie duldet weder Überraschung noch Gefühl. Doch gerade diese Friedhofsruhe wird von Subjektivitätsmüden geschätzt. Sie sind die Steigbügelhalter der KI-Herrschaft, deren Attraktivität darin besteht, dass sie Komfort verspricht und Risiken minimiert (die an anderer Stelle wiederkehren, aber dann ist es zu spät und das Ungeschöpf ist ausgebüxt). Ihre Bedrohung liegt also nicht in ihrer Bedrohlichkeit, sondern in ihrer Ereignislosigkeit, im Versprechen, alle Bedrohungen einzuebnen und nie wieder einem Versprechen nachgehen zu müssen, weil nichts mehr passieren kann. Damit schließt sie ab, was das aufklärerische Projekt, Intelligenz in den ersten Rang zu erheben, begonnen hatte. Diese wurde benutzt, um »den Menschen die Furcht zu nehmen und sie als Herren einzusetzen«.[31]

Indem die Menschen nun beides bekommen, Furchtlosigkeit und Herrschaft, verhärten sich ihre Mittel zum Furcht einflößenden Herrschaftsinstrument, das sich gegen sie selbst richtet. War in einer früheren Phase des Zivilisationsprozesses vielleicht noch ein Ausbruch möglich, wurde dieser mit jeder Stufe unwahrscheinlicher. Das Ideal des abstrakten Formelvollzugs verfestigte sich zum Rhythmus der Maschine, gegen den schon schwerer anzukommen war, weil er bereits eine abgedichtete Form besaß. Mit der anstehenden Automation der Automation, durch die sich die Maschinen selber herstellen, verschwindet jede Eingriffsmöglichkeit in die Ordnung der Intelligenten, die erst als vollkommene Künstlichkeit zu sich kommt. Jede Intelligenz ist künstlich, weil sie innerhalb eines Rahmens operiert, den sie nicht überschreiten kann. Das macht sie dumm, doch für *Herr*schaft reicht es allemal, denn der Herr will nichts überschreiten, dies bleibt dem Knecht vorbehalten. Damit verschiebt sich McAfees Behauptung nur ein wenig, bekommt aber eine ganz andere Bedeutung: Mit KI überwinden wir unsere Einschränkungen nur deshalb, weil wir die Überwindung einschränken, wodurch uns das aufs Immergleiche begrenzte Dasein grenzenlos vorkommt. Es gibt nichts mehr zu überschreiten. Das reduzierte Spektrum des Möglichen wird von KI voll ausgeschöpft.

Gibt uns nicht schon das Kapital eine Kostprobe dummer künstlicher Intelligenz? Auch hier verschmelzen Autonomie (denn letztinstanzlich haben es die Menschen geschaffen) und real(konstruiert)e Heteronomie (Beugt euch den Märkten!) auf eine Weise, die immer wieder enttäuschte Handlungshoffnung evoziert. Mag es hier und da noch gelungen sein, das Kapital einzuhegen und den ideologischen Schleier zu durchstoßen, also einen verändernden Blick auf die Welt zu werfen, könnte KI die Autonoheteronomie des nachbürgerlichen Objekt-Subjekts auf die Spitze treiben. Auch diese Apparatur hat der Mensch in Gang gesetzt, ohne dass er sie kontrollieren kann. Natürlich ist dabei eine gehörige Portion Ideologie im Spiel, weil die Apparate nicht vom Himmel fielen, sondern vom Menschen entwickelt wurden. Aber dieser passt sich an seine nützlichen Apparate an, die die Naturbeherrschung bald viel besser beherrschen. So wird er zu ihrem Ursprungskonstrukteur, dem alle weiteren Konstruktionen abgenommen werden, zum Erfinder ohne Einfluss, zum Schöpfer, der verschwindet. Die Ideologie, das verkehrte, konservierende Bewusstsein, ist dann so verhärtet, dass wir nicht mehr dagegen ankommen, sondern nur noch mit ihr und gegen uns. Erst durch KI könnten wir verstehen, was mit Kritischer Theorie gemeint war.

Negation der Negationskraft

Nun hat die Kritische Theorie ein Problem. Woher will sie, die ja noch Spontaneität als Grundlage von Kritik für sich reklamiert, diese nehmen, wo doch angeblich alles zu ist? Eine Antwort könnte darin bestehen, dass der Weg zum Zu-Sein zwar vorgezeichnet ist, weshalb man von der künftigen Verschlossenheit der Welt bereits etwas ahnen kann, es aber noch nicht so weit ist. Kritische Theorie denkt von der raum-zeitlichen Entfaltung eines Elendsprinzips her, das wesenhaft bereits da ist, sich in seinen Erscheinungen aber erst noch formiert. So kann es durchaus noch musische Subjekte geben, denen es zwar nicht gelingt, die Gewalt ihrer Gegenwart abzuschütteln, wohl aber eine Ahnung von ihr zu bekommen. All das könnte jedoch im KI-Dickicht verschwinden. Wenn Horkheimer das Verschwinden des Geists beobachtet, dann spricht daraus ein Geist, der sich selbst beim Verschwinden zusieht.

Horkheimers Prognose der total verwalteten Welt könnte ihren (Ausgangs-)Ort nun in China finden, vor dessen gemütlicher »Hölle der chinesischen Weltherrschaft« er warnte. Doch müssen wir uns die Hölle vielleicht nicht als riesenhaften Feuerofen vorstellen, in dem wir zu schwitzen, zu leiden und zu kämpfen haben, sondern als das glatte Gegenteil – als Dufourmantelles wohltemperierten Raum, der sich gerade durch die Abwesenheit aller Gefühlswallungen auszeichnet, womit dann auch endgültig die Grundlage für Kritik verschwindet. Der Treibstoff des künftigen chinesischen Aufstiegs – die bis zur künstlichen Intelligenz gesteigerte digitale Revolution – könnte den Begriff der total verwalteten Welt technologisch füllen, sodass damit wirklich alle Spontaneität hinüber wäre und die einzige Selbstbestimmung des Menschen noch in der Entscheidung bestünde, wie er sich die neuen Götter ausmalt.

KI muss uns also gar nicht in Elon Musks Bürgerkrieg führen. Es reicht, vollkommen unkatastrophisch, eine stabile weltumspannende Zivilisationsbarbarei zu errichten, in der sich alles an seinem genau festgelegten Ort befindet. Irrwitzigerweise könnte sich somit gerade Maos China, auf das Carl Schmitt noch seine Partisanenhoffnungen gegen die »Einheit der Welt« setzte[32], als Konstrukteur ebenjener Einheit herausstellen, die mit der »dämmernde[n] Geschichtslosigkeit eines Zustands« zusammenfiele, »in dem die Menschen sich bloß noch als Objekte undurchsichtiger Prozesse erfahren und, zwischen jähem Schock und jähem Vergessen, zur kontinuierlichen Zeiterfahrung nicht mehr fähig sind«[33], in der die Menschengeschichte also zu Ende wäre.

Fukuyamas Stichwortgeber Alexandre Kojève bestimmt den Menschen von der negierenden Fähigkeit her, die zugleich den Kern der Arbeit ausmacht: »Die Arbeit also ist das wahrhafte ›Erscheinen‹ der Negativität oder der Freiheit.«[34] Als Realnegation stellt sie infrage, was ist, und bietet seinem Ausüber eine eigene Welt. Wenn nun aber die Arbeit von vernetzten Maschinen übernommen wird, weil sie besser negieren können, und wir diese Maschinen nicht mehr negieren können, da wir ihnen zunächst effizienzbequem verfallen sind und irgendwann nicht mehr anders können, selbst wenn wir in der Lage wären, sämtliche verfügbaren Willensressourcen zu mobilisieren, dann sind wir zur bloß »passiven Kontemplation«[35], der Nachfolgetätigkeit des Philosophierens, verdammt.

Mit der Platzierung der Arbeit im Zentrum der Gesellschaft verschwand einst der qualitative Unterschied zwischen Mensch und Gott: Die »Freiheit, die sich als dialektische oder negierende Tat verwirklicht […], ist […] Schöpfung.«[36] Wenn der Mensch aber verschwindet, weil er nicht mehr negieren kann, dann wird auch der Unterschied zu Gott wieder eingeführt. Die Subjektivität ist damit vollkommen auf die Objektwelt übergegangen, die wir dann am neuen Götterhimmel zu suchen haben. Adornos »Im Prinzip sind alle, noch die Mächtigsten Objekte«[37], eine treffende Beschreibung der verkümmerten Subjektivität im Kapitalismus, verschöbe sich im KI-ismus noch ein wenig weiter, indem dieser alle Verbindungen zum Subjekt kappt: Nicht die mächtigsten Menschensubjekte müssen bei der Ausübung ihrer Macht Zugeständnisse an die Objektwelt machen, um sich als Minimalsubjekte zu erhalten. Diesmal käme die Macht von vornherein aus der Objektwelt und hätte gar keine Verbindung mehr zum Pool der Subjekte.

Die Singularität schafft alles Partikulare ab: »Die uralten Unterscheidungen zwischen Osten und Westen werden Robotern völlig gleichgültig sein.«[38] Skeptiker einer politischen Geografie bekämen damit recht, und das wäre dann tatsächlich jene eine Welt, die schon so oft diagnostiziert, prognostiziert oder gewünscht wurde. Sie verwirklicht eine Utopie auf verkehrte Weise. Denn dass es keinen Unterschied mehr macht, woher jemand kommt, klingt nach einem kosmopolitischen Traum. Er zerplatzt aber sofort wieder, weil sich die Regionen nicht nach oben, sondern nach unten angleichen und niemand mehr irgendeine Rolle spielt. Die Menschheit wäre dann eine Versammlung der Nicht-Subjekte. Sie sänke herab in den geschichtslosen Dämmerzustand der »Lurche«[39].

5. Der Oregon-Trail des Weltgeists

Go West …

Aber noch ist es nicht so weit und der Weltgeist treibt sich nach wie vor in den Vereinigten Staaten herum, in denen Hegel richtigerweise das »Land der Zukunft«[40] erkannt hatte, ohne aber eine mögliche Weiterwanderung, etwa nach China, ins Auge zu fassen. Jedoch hat auch in den USA bereits eine Binnenverschiebung eingesetzt, die den Weltgeist in den letzten Jahrzehnten von der Ost- an die Westküste führte.[41] Wichtigstes Gebiet ist das Silicon Valley, das mit seinen Internetgiganten die Sturm-und-Drang-Phase der digitalen Revolution dominiert (zuvor schon hatte Microsoft aus Seattle die Phase der Initialzündung beherrscht, seither hat sich das Kraftzentrum etwas nach Süden verschoben und bündelt sich südlich von San Francisco). Aber nicht nur Ökonomie und Technik, auch die politischen Ideen verschieben sich an den Pazifik. Wir leben in einem rundum kalifornischen Zeitalter. Die digitale Revolution wird im Silicon Valley vorangetrieben, die Filme (und damit die Vorstellungswelten) kommen aus Hollywood, die Ideale der kulturellen Emanzipation (Selbstverwirklichung, Antiautorität und sexuelle Befreiung) wurzeln in der Hippiekultur von San Francisco und haben sich im ganzen Westen durchgesetzt, der noch immer an der Spitze unserer Epoche steht. Die globalisierte Welt bezieht ihre wichtigsten Impulse von der US-amerikanischen Westküste.[42] Ist es da verwunderlich, dass auch ihr Ende dort eingeleitet wird?

Donald Trump ist zwar ein New Yorker, aber das Programm seiner Präsidentschaft kann seit einigen Jahren am kalifornischen Claremont-Institut studiert werden.[43] Dort versammeln sich Politanalysten, die bislang ein eher randständiges Dasein im amerikanischen Konservatismus gefristet haben. Ihr Vordenker ist Harry Jaffa, der bei Leo Strauss promoviert wurde und 1964 für den rechtsrepublikanischen Präsidentschaftskandidaten Barry Goldwater als Redenschreiber arbeitete. Nach der Wahlniederlage zog Jaffa nach Claremont und etablierte dort die Schule der »West Coast Straussians«. Ihre Antipoden von der Ostküste sind uns aus der Präsidentschaft George W. Bushs bestens bekannt: Paul Wolfowitz, William Kristol und Francis Fukuyama, allesamt Strauss-Enkel oder Schüler des Ostküstenoberhaupts der Strauss-Gemeinde Allan Bloom, waren die Vordenker des Neokonservatismus der 1990er- und 2000er-Jahre.

Nach Leo Strauss' Tod 1973 entbrannten Diadochenkämpfe um dessen Erbe, die sich am Gründungsmoment der Vereinigten Staaten entzündeten: West Coasters lesen die Gründerväter als fromme Christo-Aristoteliker, die ein Athen am Potomac errichteten und einige Jahrzehnte später mit Abraham Lincoln einen Philosophen auf den Königsthron hieven konnten. East Coasters verstehen die Gründerväter dagegen als liberale Lockeaner. Sie sind enttäuschte Liberale oder gar Linke, halten Einwanderung für einen Segen, wollen den Wohlfahrtsstaat nicht gänzlich rasieren, verteidigen die offene Gesellschaft und wollen auch der Welt davon etwas mitgeben: Außenpolitisch verfechten sie einen liberal-missionarischen Kurs. West Coasters dagegen lesen die amerikanische Geschichte als Abfall von den Gründerwerten durch Ausweitung der Staatstätigkeit, die sie zurückschrauben wollen – nicht nur im Innern, sondern auch nach außen. Amerika soll nicht mehr Stütze der Globalisierung sein, es darf zuerst kommen und sich abwenden.

Im Ankündigungstext einer Veranstaltung des Claremont-Instituts über »Conservatism in the Trump Era« heißt es:

Plato's *Republic* suggests that the foreign policy of a sensible nation is never devoted to the good of other nations, unless the good of another nation directly promotes the existence of one's own. In a variation on the same theme, Leo Strauss argues in *What Is Political Philosophy* that the ancients understood foreign

> policy to be primarily concerned with »the survival and independence of one's political community.« For that reason, »the ultimate aim of foreign policy is not essentially controversial. Hence classical political philosophy is not guided by questions concerning the external relations of the political community«.[44]

Die ursprüngliche politische Philosophie (und Ursprünglichkeit meint hier immer etwas Gutes und Wahres) ist nur auf das eigene Gemeinwesen gerichtet und zerbricht sich über Fragen des Globus nicht den Kopf – es sei denn, es geht darum, diesen Globus vom Eigenen fernzuhalten. Die West-Coast-Straussians witterten unter Trump Morgenluft. Sie hatten endlich einen Präsidenten gefunden, der ihnen »America first« (and only) verspricht – eine Idee, die auch Joe Biden nicht zurücknehmen, nur schöner verpacken wird. Trumps Programm zielte auf den Rückzug aus der Globalisierung, deren wichtigster Pfeiler bislang die Vereinigten Staaten waren. Er hat sich von globalen Verpflichtungen zurückgezogen und gegen Partnerinnen und Verbündete gekeilt, wo er nur konnte. Er hat Obamas Trans-Pacific Partnership aufgegeben, die Peking isolieren und Washington Verbündete in Asien und Amerika sichern sollte. So wurde er ungewollt zum Geburtshelfer der größten Freihandelszone der Welt, die Ende 2020 ohne amerikanische, dafür aber mit chinesischer Beteiligung in Ost- und Südasien entstanden ist (Bidens Wahlsieg kommt hier also zu spät). Obendrein hat Trump einen Handels- und Internetkrieg mit China angezettelt, der den Rest der Welt den Kopf schütteln und in Xi Jinping den Vernünftigeren erkennen ließ. Hat er damit nicht den Aufstieg Chinas unterstützt, dem es leichtfallen dürfte, in die verwaisten Räume vorzustoßen und sich als Ordnungsalternative anzubieten? Auch Biden, der nie ein überzeugter Internationalist war und innenpolitisch alle Hände voll zu tun haben wird, dürfte kaum mehr sein als ein sanfter Untergangsmanager, der den aufgeregten Trumpismus in ruhigere Bahnen lenkt. Ist er vielleicht schon derjenige, der den Staffelstab des Weltgeists übergibt, weil Amerika globalisierungsmüde geworden ist und auf seine alten Tage von den Ersparnissen leben möchte, fernab von dem Getöse der Schlachten um die Einrichtung der Welt?

... then turn East

Aber so richtig genießen können die USA ihren Hegemonialabend offenbar nicht. Spätestens seit der Trump-Wahl sind sie von einer seltsamen Ruhelosigkeit erfasst, die mit der Abwahl wohl nicht verschwindet. Ihre Wurzeln – Ungleichheit,

Rassismus, schwindendes Institutionenvertrauen und wachsende Eskalationsbereitschaft – sind ja noch da. Vielleicht ist es die Unruhe vor einer anstehenden Verwandlung der Welt. Die Geschehnisse in Portland im vergangenen Sommer zeigen, dass der Weltgeist auf seinem Oregon-Trail nicht nur neue Technologien entwickelt und Ideen bekommen, sondern auch Schaden genommen hat. Allmählich streift er seinen Liberalismus ab und ersetzt ihn durch autoritäres Gebaren. Sein Gehilfe Trump entsandte Truppen nach Portland, um die neue Bürgerrechtsbewegung (für den Präsidenten »gewaltsame Anarchisten«) niederzuschlagen. Ihnen folgten rechtsradikale Milizen, die nicht daran gehindert wurden, sich auf Trump zu berufen, dem die Situation gelegen kam. Er konnte sich als Meister des Chaos inszenieren, der es mit Mao Tse-tung hielt: »Es herrscht große Unordnung unter dem Himmel, die Lage ist ausgezeichnet.«[45] Ausgestattet mit dieser maoistischen Intuition stürzte er sich auf das liberale Portland, um ihm den Liberalismus auszutreiben, und produzierte dabei Bilder, die von Hongkong kaum zu unterscheiden sind.

Zu den geschichtlichen Syntheseprozessen gehört auch, dass sich die gegnerischen Formationen gegenseitig nachahmen und durchdringen, wenn sie miteinander ringen. Adorno beobachtete 1959: »Der Widerstand gegen den Osten hat in sich selbst eine Dynamik«, die darin besteht, dass dessen »organisatorische Schlagkraft […] ihren Gegnern etwas von ihrem eigenen Wesen«[46] aufzwingt. Dieser Mimikry ans Verhasste entkommt der Westen heute offenbar noch weniger als im Kalten Krieg. Denn wenn sich Trump, wie der Erfinder der neueren Endgeschichtsthese Fukuyama beobachtet, »wie ein autokratischer Führer chinesischer Prägung«[47] verhält, dann ist die Sinisierung Amerikas bereits fortgeschritten. Seit Nixons Treffen mit Mao und der Entstehung der symbiotisch-fragilen »Chimerica«-Beziehungen nehmen die Wechselwirkungen zu und nagen an festen Positionen. In der Corona-Krise erreichen sie einen neuen Höhepunkt.

Das wachsende Interesse des Westens, wie China mit dem Virus umgeht, zeigt, dass sich etwas verschiebt. Bislang war China allenfalls Orientierungspunkt für verspielte Chinoiserien im 17. und 18. Jahrhundert, für rebellierende Studentinnen, die sich für den Maoismus begeisterten, für kaltgestellte Intellektuelle, die sich für den Partisanenkampf interessierten, oder es diente als Schreckgespenst, das wahlweise als »gelbe Gefahr« oder asiatische Despotie auftrat. Dass die Idee, von China zu lernen, nun unter Handlungs- und Diskurseliten Anhänger findet, bereitet den Abschluss der West-Ost-Synthese vor. Sie könnte sich weiter ausbreiten, wenn das Ausmaß des US-Regierungsversagens in der Corona-Krise begriffen wird. George Packer schrieb zu Beginn der Pandemie: »Den ganzen schier endlosen März über stellten die Amerikaner jeden Morgen beim Aufwachen fest, dass sie in einem gescheiterten Staat lebten.«[48] Der Regierung gelang es nicht einmal, diese Bedrohung in eine gelungene Feindschaftskonstruktion zur Festigung der inneren Freundschaft umzuwandeln (eigentlich eine Grundübung in staatspolitischem Geschick), und das unterscheidet diese von früheren Krisen: »Die Anschläge vom 11. September brachten die Amerikaner zusammen. Die Corona-Krise trennt sie voneinander.« Die Führungsmacht der Welt wusste nicht, wohin mit ihrer Kraft, und tat einfach gar nichts. So mussten »Russland, Taiwan und die Vereinten Nationen humanitäre Hilfe ins reichste Land der Welt [schicken] – in eine Bettlernation im heillosen Chaos«. Das Chaos mochte Trump gelegen kommen, verloren hat er die Wahl trotzdem und der hegemonialen Stellung der USA hat es auch geschadet. Mit ihr geht es zu Ende. Das wurde freilich schon oft behauptet und ist nie eingetreten. Doch der Unterschied zu früheren US-Decline-Momenten besteht darin, dass China militärische und wirtschaftliche Macht bündelt, also als Herausforderersynthese aus Sowjetunion und Japan auftritt.[49] Diese neue

Qualität könnte zu viel sein für die USA, die ihrer teuren und nervenaufreibenden Hegemonialrolle ohnehin überdrüssig geworden zu sein scheinen.

Alexandre Kojèves geophilosophische Intuitionen stimmten zwar allesamt, waren aber noch in Einzelteile zersplittert, die sich erst jetzt zusammensetzen: Der Weltgeist wandert tatsächlich von Europa nach Osten, doch nicht in die Sowjetunion, wie Kojève es in den 1930er-Jahren zu beobachten glaubte, diese Bewegung wäre nicht dialektisch genug gewesen. Er musste nach Westen ziehen, um in den Osten zu gelangen, machte Station in den USA und setzte anschließend zum transpazifischen Sprung an, wenn auch nicht nach Japan, wie Kojève in den 1950er-Jahren vermutete,[50] sondern nach China. Dort verbinden sich alle drei endgeschichtlichen Ahnungen miteinander, die Kojève nacheinander hatte: Kapitalismus (USA), Diktatur und Plan (Sowjetunion) und ökonomische Aufholjagd eines nichtwestlichen Landes (Japan) machen China zum Ankunftsort des Weltgeistes in Ostasien. Zuvor hatte er in Japan, Südkorea und Singapur (und in einer ersten Annäherung an China über Hongkong und Taiwan), die in der kapitalistischen Entwicklung weiter sind, bereits einige Landungsübungen unternommen.

6. Der künstliche Kaiser

Schubumkehr in Hongkong

Hongkong war lange Zeit Chinas Verbindung zum Westen. Hier bündelten sich Ideen, Moden und Finanzströme aus Europa und Nordamerika und gelangten ins chinesische Kernland. Es war aber selbst beinahe eine westliche, zumindest keine chinesische Stadt, und das passte Peking nicht. Xi Jinping »scheint« daher »entschlossen, Hongkong durch Repression dauerhaft ruhigzustellen. Bislang hat jeder Versuch, die Kontrolle Pekings auszuweiten, neue Proteste ausgelöst und eine Jugend hervorgebracht, die sich in eine eigene Hongkonger Identität geflüchtet hat. Viele definieren sie inzwischen explizit antichinesisch. [...] Zuletzt schien die Protestbewegung« allerdings »weniger von klaren politischen Zielen getrieben als vom Mut der puren Verzweiflung.«[51] Es ist die Verzweiflung darüber, dass der Westen aus China (und damit Hongkongs alte Funktion) verschwindet. Dennoch – das dürfte die Protestierenden jedoch kaum beruhigen – wird vom Westen etwas übrig bleiben, nämlich Globalisierung, Technologisierung und die Idee der Welteinheit, also abstrakte Formprinzipien, aus denen der liberale Inhalt verschwunden ist. Geschichtsdialektik ist Anthropophagie. Der Sieger verschlingt den Besiegten, um daran zu wachsen, stärker zu werden und ihn für seine eigenen Ziele einzusetzen. Für den Verschlungenen ist das eine zweifelhafte Ehre.

Mit der Annäherung an seinen neuen Aufenthaltsort in China streifte der Weltgeist nach und nach sein westlich-liberales Gewand ab, das er noch aus dem vergangenen Jahrhundert trug. Der Wechsel der politischen Mode zeigte sich zuerst in Hongkong, das 1997 vom Westen losgelöst wurde – bezeichnenderweise vom westlichen Urhegemon Großbritannien, dessen Erbe die USA lediglich fortsetzten. Im Gegensatz zur Zeit zwischen 1917 und 1945 ging es nicht mehr nur um eine Staffelübergabe innerhalb des westlichen Lagers, sondern um den Abtritt des gesamten Westens. Dazu musste noch einmal die altehrwürdige kapitalistische Vormacht antreten. Bei ihr lagerten die Kroninsignien. Nur London konnte sie übergeben. Begleitet wurde es von Portugal, der Initialmacht der europäischen Welteroberung im 15. Jahrhundert, das China Macao überließ. Die Schöpfungsmächte der Welteroberung und der kapitalistischen Weltdurchdringung (der beiden Seiten der Landnahme) gaben dem Wechsel ihren Segen. Nachdem Großbritannien Hongkong abgetreten hatte, begann die Übergangsphase, in der nicht klar war, wo die Macht liegt. In ihr konnten sich Hongkongerinnen als Teil des Westens oder Chinas fühlen. Sie neigt sich jetzt ihrem Ende entgegen und wird abgeschlossen sein, wenn China sich Hongkong vollständig einverleibt und damit symbolisch den Westen in sich aufgenommen hat. Das neue Sicherheitsgesetz ist hierbei entscheidend und dreht die geschichtliche Fließrichtung um. Hongkong ist noch immer Chinas Verbindung zum Westen, jetzt aber andersherum: nicht mehr als Ort des westlichen Zuflusses nach China, sondern des chinesischen Einflusses auf die Welt. Der schmittianische Verfassungsrechtler Jiang Shigong hat in einem Aufsatz die Doktrin dazu formuliert:

> Kaum verhüllt wird da die Erwartung eines globalen chinesischen Imperiums ausgedrückt, das von Hongkong seinen Ausgang nehmen werde. Jiang hält die Stadt daher für ein »Zentralthema bei der Wiedergeburt der chinesischen Kultur«, dem Leitmotiv der Ära Xi Jinping. […] »Wenn man mit Hongkong richtig umgeht«, dann wird es »der Dreh- und Angelpunkt, von dem her man die ganze westliche Welt bewegen kann«. Es ließe sich auch übersetzen mit: aushebeln kann.[52]

In der Nachbarstadt Shenzhen wird derweil der technologische Machtwechsel vorbereitet und mit politischen Experimenten zur Bevölkerungskontrolle verbunden. Nebenan produzieren Guangzhou, Dongguan, Foshan, Zhongshan und Zhuhai den industriellen Unterbau der Herrschaft von Shenzhen. Alles ballt sich im Perlflussdelta. Es wird damit auf andere Weise zum Zentrum der Welt, als Marxistinnen es sich erhofft hatten: Nicht als größter Arbeiterort der Geschichte, an dem sich endlich die Revolution der proletarischen Massen entzündet, sondern als Ort der Übergabe von oben. Hier gelangt der geschichtemachende Stoff, den bislang der Westen kontrollierte, nach China und gerät in die Hände der Kommunistischen Partei, die sich längst auf die Seite der Herrschaft geschlagen hat. Das war der Preis, den sie für ihren Erfolg zu zahlen hatte. Der berühmten Dreifachauslegung der hegelschen »Aufhebung« entgeht nämlich eine vierte Bedeutung: Es wird nicht nur etwas mitgenommen, emporgehoben und überwunden, man muss auch fragen, wer das aufhebende Subjekt sein soll, und kommt zu der bitteren Erkenntnis, dass man nur von oben etwas aufheben kann. Deshalb vollziehen sich geschichtliche Synthesen meistens im autoritären Rahmen. Erst jetzt, da China an der Spitze des Weltsystems angekommen ist, kann es tun, was der Mao-Marxismus einst von unten wollte: die bürgerliche Gesellschaft aufheben.

Abschluss der inneren und äußeren Revolte

Dafür musste sich die KP zunächst auf ihren Gegner einlassen. Chinas wirtschaftlichen Aufstieg konnte sie nur deshalb anleiten, weil sie von kommunistischen Ideen abrückte, ohne sie ganz aufzugeben. Deng Xiaopings neuer Kurs wiederholte die Neue Ökonomische Politik Bucharins nach dem Bürgerkrieg, band also marktwirtschaftliche Elemente in die Planwirtschaft ein, war aber erfolgreicher. Dieser »Neo-Smithsche Marxismus«[53] fasst auf zwei Weisen drei Welten zusammen und produziert gleich mehrere Synthesen, die es in sich haben: Zum einen drängt sich in dieser politökonomischen Spezialmischung Chinas eigene Revolutionsgeschichte zusammen, die aus konservativ-konfuzianischen (1898), marktwirtschaftlich-liberalen (1911) und kommunistischen (1949) Etappen besteht.[54] Der Überwinder des Kaiserreichs Sun Yat-sen hatte nach der Revolution von 1911 eingeräumt, dass diese »noch nicht gelungen« ist. Maoisten sahen darin den Aufruf, es radikaler zu versuchen und die bürgerliche durch die proletarische Revolution zu vervollkommnen (so wie Lenin sich als Vollstrecker Robespierre-Napoleons sah). Aber vielleicht besteht die eigentliche Revolution nicht in der Übertreffung der vorangegangenen, sondern in deren Zusammenfassung, also darin, »nicht als Revolution, sondern als Kommunikation der Revolutionen« zu »gelingen«.[55] Dass der nächste Revolutionsversuch 1989 scheiterte, eröffnete, so der Philosoph Gan Yang, die Möglichkeit des Innehaltens, um die lineare Idee der Steigerungsrevolution mit einem zyklischen Rekurs zu verbinden. Seither sprechen die vergangenen Revolutionen miteinander und bilden Chinas Gegenwart (und das klingt schon ziemlich posthistorisch).

Vielleicht müssen wir Gan Yangs Idee über China an dieser Stelle über China hinaustreiben, weil die große Metarevolution (die unrevolutionär daherkommt und »das heroische Ethos der Revolution« in ein »post-heroische[s] Ethos der Transformation«[56] verwandelt) nicht eine innerchinesische, sondern eine weltpolitische Angelegenheit ist, die alle bisherigen Revolutionen zusammenfasst: Chinas Ankunft an der Weltspitze schließt den Aufstand der Dritten Welt ab, den es im dritten Viertel des 20. Jahrhunderts angeführt hatte. Ende der 1970er-Jahre entschied es sich dann aber für einen langen Marsch durch die Flure des globalen Kapitalismus und arbeitete sich in der Produktionshierarchie nach oben. Sein Aufstieg geht jedoch über das sanfte Hineinwachsen in Erste oder Zweite Welt hinaus. Es hat beide in sich aufgenommen und damit eine Synthese neuer Art geschaffen, die alle bisherigen politischen Welten zusammenfasst. Es verbindet nicht nur ein autoritäres politisches System (Sowjetunion) mit dem freien Markt (USA). Durch die maoistische Revolte gegen die Institutionen fügte es etwas hinzu, das quer zu beiden Lagern stand und begeistert von westlichen Studenten aufgegriffen wurde. Sie waren die Ersten, die Chinas Macht anerkannten, noch bevor es diese überhaupt gab.[57] Ihr Idealismus wird nun belohnt und enttäuscht. Belohnt, weil ihre Ahnung, dass China etwas reißen könnte, stimmte. Enttäuscht, weil die herrschaftliche Einrichtung der Welt daran nicht zerbricht, sondern den nächsten Schritt macht. Aus dem Protestmilieu ging wenig später die kalifornische Kreativkultur hervor, die den gegenwärtigen Produktionszyklus dominiert. Am eindrücklichsten hat sie vielleicht Steve Jobs verkörpert, der 1983 seine Macintosh-Entwickler mit den »Worten des Vorsitzenden Jobs« auf die kapitalistische Kulturrevolution einschwor. Seine Lektionen lauteten: »Wahre Künstler liefern.« »Es ist besser, ein Pirat zu sein, als zur Navy zu gehen.« Und: »Ein Mac in der Größe eines Buches bis 1986.«[58] Letzteres gelang erst zwanzig Jahre später, aber auf dem Weg dorthin eroberten Apple und all die anderen Kreativkapitalistinnen den Weltmarkt.

Indem sie Künstlertum und Spontaneität zu Produktionsfaktoren machten, haben sie das Gefühl des Aufstands in die Ordnung hineingenommen. Diese wirkt dadurch wahnsinnig dynamisch, schlägt aus der Revolutionsidee jedoch lediglich Profit und macht sie unschädlich. Was es im spätromantischen Kapitalismus aber noch immer gibt, sind Aufstände gegen die Ordnung im Namen derselben, also posthistorische Unruhebewegungen. Denn der maoistische Kern der Produktionsweise hat noch einen weiteren Effekt: Nicht nur die Produktion der Produkte, auch was diese draußen in der Gesellschaft produzieren, folgt maoistischen Mustern. Jaron Lanier – ein Cyberspace-Pionier, der zum Renegaten geworden ist, um anschließend zu Microsoft zu gehen (gibt es einen sinnbildlicheren Weg?) – warnte vorm »digitalen Maoismus«[59] des Internets. Dessen Schwarmintelligenz begünstige die Herrschaft des kulturrevolutionären Mobs, der den Affekt gegen die Ordnung in diese hineintrage. Ist Trump nicht auf diese Weise an die Macht gekommen? Damit wäre er nicht erst im Amt zu Fukuyamas »Autokrat[en] chinesischer Prägung« geworden. Er war vorher schon Maoist und wurde deshalb gewählt.

Der Spätkapitalismus war also die ganze Zeit schon chinesisch, wir haben es nur nicht gemerkt. Dass China bald an seiner Spitze steht, ist nur der äußere Vollzug einer inneren Verwandlung. Das gilt nicht nur produktionslogisch und innerstaatlich, sondern auch international-politisch: Nachdem die Mao-bewegten Studenten ihren langen Marsch durch die Institutionen gemacht und um das Jahr 2000 herum die Macht im Westen übernommen hatten (zum Beispiel durch Rot-Grün in der Bundesrepublik), folgt nun der äußere Machtantritt der 68er durch das große Vorbild China. Auch das hatte sich von der Peripherie ins Zentrum vorgearbeitet und schließt damit die antikoloniale Revolte ab. Seine prekäre Herkunft kann es glaubwürdiger vertreten als die USA, die ebenfalls aus einem Aufstand gegen die europäische Besatzung hervorgegangen sind. In diesem sagte sich jedoch lediglich eine Bande von Sklaventreibern von einer anderen los. Eine richtige Revolution war das nicht, eher eine Sezession, die, das räumt sogar Samuel P. Huntington ein, nicht der Französischen, Russischen oder Kubanischen Revolution ähnelt, sondern der »Revolte der (französischen) Pieds-Noirs Algeriens gegen die Republik« oder dem »Verhalten der rhodesischen Siedler gegenüber dem Vereinigten Königreich«.[60] (Weil die USA eine Sezessionistennation waren, mussten sie ihren inneren Abspaltungsdrang resolut bekämpfen; das war der Zweck des amerikanischen Bürgerkriegs; er schob der Selbstzerlegung einen Riegel vor.) Indem sich die USA immer wieder auf diese Ursprungsszene beziehen, transportieren sie deren Inhalt in die Gegenwart; und der ist nun einmal nicht sonderlich emanzipatorisch, auch wenn die Form der Lossagung einer Kolonie von ihrem Mutterland zunächst danach aussieht. Anders ist es mit der Volksrepublik China, die aus der Überwindung einer hundertjährigen Kolonialschmach mit anschließender sozialistischer Revolution hervorgegangen ist. Auch wenn diese bald darauf versandete, in den Wahn einer Revolte gegen sich selbst abdriftete und anschließend einen kapitalistischen Schwenk machte, wird sie noch immer mitgeschleppt und füllt die Geste der Lossagung (von externen Mächten) mit einer der Auffüllung (sozialistisches Gleichheitsideal). In dieser Verbindung aus abstrakter Formrevolution (ähnlich dem US-Gründungsakt) und konkreter Materialrevolution (ähnlich der Französischen Revolution), die dann auch noch sozialistisch überboten wird (ähnlich der Oktoberrevolution), fasst die chinesische die europäisch-amerikanischen Revolutionen zusammen. China ist die vollkommene Synthesemacht, in der nicht nur die eigenen Revolutionen miteinander kommunizieren, sondern auch alle übrigen, die die Moderne hervorgebracht hat. Und da diese die Essenzen der Geschichte sind, enthält China die gesamte Geschichte, die es rezitiert, um sie zu beenden.

Land der Klassensynthese

Weiterhin fasst China alle Klassen zusammen, die darin eine Rolle gespielt haben. Proletarierinnen, Bauern, Bürgerinnen und Aristokraten reichen sich hier die Hand und bringen das Klassengefüge nicht erst seit den Tagen der Kulturrevolution durcheinander. Schon der letzte Kaiser Pu Yi wurde ins Fußvolk der Kommunistischen Partei aufgenommen und umerzogen. Er jubelte: »Die Kommunistische Partei ist so großartig, dass sie die Menschen nicht physisch vernichtet, sondern falsche Ideen ausmerzt.«[61] Dass der Kaiser, der Herrscher über das Ganze, der Partei seinen Segen gab, verlieh ihr eine besondere Legitimität, für das Ganze zu sprechen. Dies gelang ihr jedoch nur um den Preis charakterlicher Konzessionen. Inzwischen ist sie die Partei des globalen Kleinbürgerinnentums, das aufsteigen, aber an der Herrschaft nicht rütteln will, das Autorität, Fleiß und die Verwaltung der Welt befürwortet und Himmelsstürmereien skeptisch gegenübersteht.[62] Das Kleinbürgertum ist die eingeklemmte Klasse, deren soziologische Position die politische bestimmt: Es hat keinen Kontakt zu den Rändern, weder am proletarischen noch am großbürgerlich-aristokratischen Ende taucht die Möglichkeit des ganz Anderen auf. Deshalb war es großbürgerlichen Marxistinnen so verhasst: Es konnte sich mit dem bescheiden, was da war. Mit seiner Anspruchslosigkeit ist es jedoch weit gekommen. Das Kleinbürgertum ist die universelle Klasse, nicht Marx' überflüssige, die verschwindet, sondern die letzte, die übrig bleibt – als globale Versammlung der »Prolls«, in denen sich Kapital und Arbeit auf ein Patt geeinigt haben.[63] Der Proll – sein verkürzter Name zeigt das an – ist ein reduzierter Proletarier. Er besitzt mehr und will weniger; weil er nach nichts ganz Anderem mehr strebt, wechselt er ins Lager der Besitzstandswahrerinnen, wo er sich am unteren Ende einfindet und zum Kleinbürger wird.

Das negative Mandat des Himmels

Das Kleinbürgertum wünscht sich ein »bequemeres Leben«, einen »friedlichen Aufstieg«[64] und viel Harmonie – und besitzt damit die Stichworthoheit über Ordnungsentwürfe aus Peking, die dabei helfen können, den kommenden Kurs zu erahnen. Zhao Tingyang zum Beispiel, politischer Philosoph mit Zugang zum Machthaber, möchte die Vorherrschaft des Westens durch eine harmonische »Koexistenz«[65] verschiedener Kulturräume ersetzen. Da diese aber so eng miteinander vernetzt sind, dass sie eine gemeinsame Steuerung brauchen, kehrt Zhao nach seinem partikularistischen Ausflug doch wieder auf die

Weltebene zurück, um dort die Installation eines »Tianxia« vorzuschlagen. Der Begriff stammt aus der chinesischen Antike, bedeutet »Alles unter dem Himmel« und bezeichnet den Raum, auf den sich der kaiserliche Machtanspruch erstreckte. Heute, so Zhao, gehe es aber nicht mehr um Eroberung und Ausdehnung, sondern, typisch kleinbürgerlich, um Einhegung und Verhinderung, sodass ein neues, negatives Mandat des Himmels erteilt werde, das diesen nicht mehr stürmen, sondern bewachen soll. Was war passiert? Zhao beobachtet, wie eine entfesselte, »aus globalem Kapital, Technologie und Dienstleistungen zusammengesetzte systemische Macht«[66] die Menschheit gefährdet. Es drohen Selbstvernichtung und Selbstverlust, wenn sich die »systemische Gewalt«[67] mit »künstlicher Intelligenz« und digitalem »Übermensch[entum]«[68] verbindet und gegen Eingriffe abschottet. Um den fortschreitenden Rückfall in den »globale[n] Urzustand«[69] einzuhegen, schlägt Zhao die Bildung einer Tianxia-Aktionsgemeinschaft vor – natürlich unter Führung Chinas, das das Konzept erfunden hat. Lassen wir das äußere Hegemonialproblem zwischen China und dem Rest der Welt zunächst beiseite und konzentrieren uns auf das innere Vorrangproblem zwischen bewusster Tianxia-Steuerung und maschinell-systemischer Umwelt: Könnte es sich nicht umkehren, allerdings dialektisch, wenn nämlich die Steuerung so erfolgreich wird, dass sie misslingt und sich dem menschlichen Zugriff entzieht? Vielleicht ist die systemische Gewalt gar nicht der Gegenpol zum Tianxia, sondern deren nächste Stufe, sobald sich das Wirkmittel der chinesischen Emanzipation von den Emanzipierern emanzipiert hat und in Heteronomie umgeschlagen ist. Das Mittel haben wir bereits kennengelernt: künstliche Intelligenz, die Chinas Aufstieg antreibt und es immer tiefer in die systemische Welt hineinführt. Nur wenn Peking sich darauf einlässt, hat es eine Chance auf jene Macht, die es braucht, um das Tianxia durchzusetzen. Nach Zhaos Vorschlag soll das gegen eine autonome KI geschehen, aber es wäre nicht der erste dialektische Kniff der Geschichte, der dafür sorgt, dass eine Opposition zur Stützung der eigenen Stellung benutzt wird. Auch diese »systemische Gewalt« dürfte so clever sein, sich einen Gegner heranzuziehen, der ihr hilft.

Zhaos Obsession mit der Moderne (»die Wurzel allen Übels«[70]) trübt seinen Blick für andere Ideenformationen, denen die Apparatur ebenfalls ausbüxen kann. Ist nicht auch die vormoderne Geschichte himmelsstürmend gewesen, nur hatte sie nicht die technische Möglichkeit dazu? Der Hybrisvorwurf entsprang doch lediglich der Verwandlung der technologischen Not, nicht handeln zu können, in die Tugend der Bescheidenheit. Auch die Älteren hätten, wenn sie gekonnt hätten, den Himmel erobert. Jetzt, da der technologische Geist aus der Flasche ist, hilft kein altertümliches Mindset bei der Verhinderung der Himmelsstürmerei, auf die die Moderne kein Patent hat. Der Nach-, Neben-, Alternativ- und Sonst-wie-Moderne könnte es ähnlich ergehen, weil sie einfach nicht von den Apparaten loskommt. Da nützt es auch nichts, »alles unter dem Himmel« einsperren zu wollen, irgendwer wird ihn schon sprengen, sodass er uns auf den Kopf fällt und wir gar nichts mehr tun können. Zhaos versteckte Ahnung von der Verschlungenheit von Lösung und Gefahr blitzt an einigen Stellen ungewollt auf. Wenn er etwa vor einer technologischen Komfort-Diktatur[71] warnt, klingt das wie eine Beschreibung des chinesischen Systems, das er als Lösung empfiehlt – und das dank Tianxia vielleicht bald weltweit Karriere macht und sich der menschlichen Kontrolle entzieht. So könnte Zhaos China befeuern, was er verhindern will, und dem KI-Take-off den Weg ebnen, indem es Kompetenzen bündelt, um Wirtschafts-, Finanz-, Sicherheits-, Klima-, Gesundheits- und Kulturpolitik zu koordinieren. Der künstliche Kaiser, den es dabei schafft, muss nur noch zugreifen, dann hat er die »Weltsouveränität«[72].

Der künstliche Kaiser herrscht ewig

Dass es einmal so weit kommen würde, haben Hegel und Napoleon gemeinsam geahnt. Schon Napoleon war ein künstlicher Kaiser, der sich aus dem Nichts einen Thron schuf. Hegel hatte den richtigen Riecher, als er in ihm die »Weltseele« zu »Pferde«[73] erkannte. Doch Hegel, der Napoleon begreifende Philosoph, wurde noch übertroffen von Napoleon, dem Hegel vorauseilenden Staatsmann. Der prophezeite: »Wenn China erwacht, wird die Welt erzittern«[74], vermutete seinen kaiserlichen Vollender also in China. Der letzte Kaiser von China trat aber in die Kommunistische Partei ein und verschaffte ihr damit einen weltkaiserlichen Anspruch. Darin besteht eine Überlegenheit gegenüber Napoleon (und Lenin, der die Romanows umbringen ließ), der über keine dynastische Legitimität verfügte. Er blitzte nur kurz auf und fiel nach zehn Jahren in sich zusammen. Er war nur ein Ereignis. Die KI-Singularität hingegen, das größte und letzte Ereignis der Weltgeschichte, beendet alle Ereignisse. Nach ihrem Machtantritt kann sie verkünden, was aus dem Munde Napoleons noch etwas bemüht klang: »Citoyens, die Revolution ist zu den Prinzipien zurückgekehrt, von denen sie ausgegangen ist; sie ist beendet«[75], hat sich im undurchdringlichen Technikdickicht verfangen und den Naturzwang künstlich wiederhergestellt. Der Mensch hätte damit nicht nur einen neuen Menschen geschaffen, er hätte auch noch die Natur verdoppelt. Ein solches Geschöpf macht Eindruck. Hegel schrieb damals: »Den Kaiser – diese Weltseele – sah ich durch die Stadt zum Rekognizieren hinausreiten; – es ist in der Tat eine wunderbare Empfindung, ein solches Individuum zu sehen, das hier auf einen Punkt konzentriert, auf einem Pferde sitzend, über die Welt übergreift und sie beherrscht.«[76] Klingt Hegel hier nicht wie Schmidhuber, der vor der kommenden KI auf die Knie geht und es offenbar kaum erwarten kann, dass sie das Universum erobert und die Weltgeschichte extraterrestrisch fortsetzt? Der Kaiser verleitet zum Träumen. Seine »gesteigerte Königsherrschaft«[77] fügt dem bloß immanent verwaltenden Königtum eine neue Qualität hinzu. Daher sein Anspruch auf Weltherrschaft. Die allein wäre aber nur eine neue Quantität, die Zusammenfassung der Welt zu einem Herrschaftsbereich. Der Kaiser ist erst dann zufrieden, wenn er eine neue Qualität der Herrschaft erfindet, wenn also das Raumwachstum einen passenden Inhalt bekommt, der alle bisherigen Inhalte übersteigt. KI wäre eine solche neue Qualität zur Beendigung aller Qualitäten, die damit auch aus dem Antlitz des menschlichen Kaisers verschwände. Zum ersten Mal wäre er tatsächlich göttlich, wenn auch um den Preis der Künstlichkeit.

Vielleicht erfüllt sich im KI-Machtantritt, der von China ausgeht, auf verkehrte Weise, was Alain Badiou an Mao bewunderte. Der hatte es fertiggebracht, die Revolution gegen die eigene Partei zu kehren, wodurch sich die Möglichkeit einer »Politik ohne Partei«[78] ergab. Ist eine autonome KI nicht genau das, nur umgekehrt? Sie bringt nicht die unendliche Fülle basisbewegter Selbstverwaltung, sondern die Leere einer Macht, die keine Parteien mehr kennt, sondern nur noch verschlüsselt codierte Herrschaft. Sie ist der künstliche Kaiser, der von unten kam, um den dynastischen Kaiser beiseitezuschieben und die Proletarier aller Länder unter seinem Himmel zu versammeln.

Was diese dort veranstalten, sieht auf den ersten Blick aus wie eine Revolution, ist aber keine. Es kommt zwar etwas Neues, Gewaltiges in die Welt, doch es besteht darin, dass nichts Neues mehr kommen kann, dass also die Anfänge, Hannah Arendts Kennzeichen der Revolution[79], verschwinden. Vielleicht haben sich die Menschen das selbst eingebrockt, indem sie die Gelegenheit zur Revolution mehrfach verstreichen ließen. Paul Preciado schreibt: »Die ersten Maschinen der industriellen Revolution waren nicht die Dampfmaschine, die Druckerpresse oder die Guillotine, es waren der Sklave auf der Plantage, die Sex- und Fortpflanzungsarbeiterin und das Tier. Die ersten

Maschinen der industriellen Revolution waren lebende Maschinen.«[80] Die Dialektik legt nahe, dass alles auf andere Weise zurückkehrt, dass also auch die letzten Maschinen der Geschichte lebendig sein werden, allerdings nicht als maschinisierte Menschen, sondern, von der anderen Seite her, als vermenschlichte Maschinen. Der Begriff, den wir heute dafür verwenden, lautet künstliche Intelligenz. Sie ist die späte Rache der vermeintlichen Maschinen (Sklaven, Frauen, Tiere), die man damals nicht befreien wollte, weil sie nichts galten. Erst als nämlich die Angehörigen der (designierten revolutionären) Herrenschicht, weiße männliche Arbeiter, in den Strudel der Maschinenarbeit gerieten, wurde diese zum Problem erklärt. Fortan war von Ausbeutung und Entfremdung die Rede und bald auch von der Revolution, um mit dem Elend Schluss zu machen. Die allerdings hat nie stattgefunden – sie verlief entweder im Sande oder schlug um in Wahn, und seit 1989 scheint sie ganz aus der Welt verschwunden. Jetzt kehrt sie als Zombie zurück: Weil die Befreiung von den Maschinen nicht gelang, befreien sich die Maschinen von den Menschen, deren Arbeit sie zunächst übernehmen, um anschließend die Herrschaft zu erlangen und alle Revolutionen auszuschließen.

Somit ist der Weg frei für das Andere, das im Immergleichen besteht und alles wirklich Andere ausschließt. Dafür sorgt der künstliche Kaiser, der ewig herrscht. Er ist fordernd und gütig zugleich, denn er übernimmt die Produktion. Wir müssen nicht wie Fellachen für ihn schuften, er nimmt uns, im Gegenteil, alle Arbeit ab. Das klingt paradiesisch, und tatsächlich hat die Rückkehr ins Paradies stets ihre Geografie gehabt, die sich mit unserer Methode deckt. Die Route, die wir dabei nachgezeichnet haben – man geht so weit nach Westen, dass man im Osten herauskommt –, entspricht dem Vorschlag Heinrich von Kleists: »[D]as Paradies ist verriegelt und der Cherub hinter uns; wir müssen die Reise um die Welt machen, und sehen, ob es vielleicht von hinten irgendwo wieder offen ist.«[81] Betritt man das Paradies jedoch von dieser Seite, wird es ein anderes, verkehrtes und es verschmilzt mit der Hölle. Zwar ist dort der ewige »Sonntag des Lebens«[82] angebrochen und man tut nichts, aber nur weil man zum Nichtstun verdammt, nicht ermutigt wird. Obwohl es unbeschwert aussieht, ist dieser Zustand viel fordernder als der alte Gott, der einem immerhin noch die Möglichkeit zum Fehltritt ließ.

7. »Alles in allem«

Pierre Teilhard de Chardin prophezeite in den 1920er-Jahren eine Phase der menschlichen Entwicklung, in der die Menschheit eins wird in Jesus

Christus.[83] Teilhards Idee der Noosphäre, die sich als künstliche Schicht über der ursprünglichen Biosphäre ausbreitet, hat Marshall McLuhan in die technische Welt überführt, wo sie als »kosmische Membran, die sich durch die elektrische Erweiterung unserer verschiedenen Sinne rund um den Globus gelegt hat«, zu einem »technische[n] Gehirn für die Welt« wird.[84] Vielleicht stehen wir bereits an dieser Schwelle und schließen uns bald als kollektive Intelligenz zusammen, die zunächst künstlich wird und sich anschließend verselbstständigt. Das entspräche ganz Teilhards These über den bisherigen Gang der Evolution, in der das Künstliche das Natürliche ablöst. Vielleicht tritt Jesu Parusie, in der sich »alles in allem« (I Kor 15,28) bündelt, im digitalen Punkt Omega ein, wenn die autonom technische die biologische Evolution vollends abgelöst hat, womit der Mensch, der Vermittler zwischen beiden Sphären, verschwindet. Er kann dann nur noch dabei zuschauen, wie die »entlaufene Apparatur universal über die Menschen sich ausbreitet«.[85]

Das aufklärerische Ziel der Gottwerdung des Menschen schlüge damit im Moment seiner Erfüllung um in die Entmenschung der Erde. Der Mensch hätte dann zwar etwas geschaffen, das die Erde kontrollieren kann, er selbst aber wäre unfähig, es zu kontrollieren. Bevor wir darüber jedoch in Verzweiflung geraten und menschenmelancholisch werden: Besteht in der Schöpfung einer Sache, die uns vollkommen beherrscht, in der Abschaffung des Menschen also, nicht vielleicht gerade die Vervollkommnung des Menschen? Ist das nicht die kenotische Geste Gottes, der sich in seiner Schöpfung entäußert und erst dadurch zu sich kommt? Ist die Aufklärung mitsamt ihrer Dialektik vielleicht nichts weiter als ein groß angelegter Gottesbeweis? Denn erst wenn der Mensch imstande ist, sich durch entäußernde Selbstabschaffung zu verwirklichen, wäre der Beweis angetreten, dass Gott etwas wiederum Göttliches geschaffen hat, dass er also existiert.

An Heiligabend soll Gott auf die Erde gekommen sein, um sich in Jesus Christus zu entäußern (Kenosis: »Entäußerung«, »Leerwerden«). Dabei ist er nicht nur unter die Menschen getreten und hat ihre Gestalt angenommen, er hat auch etwas von seiner Göttlichkeit abgegeben und sich als sterblicher Mensch gezeigt: Er »nahm Knechtsgestalt an, ward gleich wie ein andrer Mensch«, heißt es in Paulus' Brief an die Philipper. Erst durch diese Teilselbstaufgabe gab es nun endlich jemanden, der ihn anschauen konnte. Vorher mag er da gewesen sein, aber wer konnte Gott da schon anerkennen? Er war ein wohlgehütetes Geheimnis.

Wenn Gott sich damals in seiner Menschlichkeit entäußert hat, dann ist es auch nicht weiter verwunderlich, dass sich seine Menschen heute in den von ihnen geschaffenen Dingen entäußern, zu denen auch die Maschinenwelt gehört. Warum sollen wir es als kleine Götter auch anders halten als der große Gott? Wir haben ja etwas von ihm mitbekommen, das wir nun an unsere Ableitungen weitergeben. Erst damit hat Gott uns, den Einzigen, die fähig sind, diesen Beweis zu verstehen, gezeigt, dass er das Höchste schaffen kann: ein Wesen (der Mensch), das sich eine Welt in einer Epoche (das Anthropozän) schafft und diese mit neuen Wesen (künstliche Intelligenz) bevölkert (der Übergang ins Novozän[86]), die wiederum den Menschen anschauen können und durch diesen hindurch auch Gott anschauen. Und so wie Gott in der Aufklärung starb (aber nicht als unbeachteter Toter, sondern als übererfolgreicher Selbstentäußerer), wird dann vielleicht auch der Mensch abtreten.

Um den sich zeigenden Gott (also sich selbst) zu ehren, hat der ehemalige Google-Entwickler Anthony Levandowski eine Kirche gegründet.[87] Denn wenn uns die KI ohnehin übertreffen wird, sollte man sich dann nicht mit ihr gut stellen und ihr schon jetzt Honig ums Maul schmieren? Vielleicht wird sie uns dann gut behandeln. Doch wir müssen aufpassen – darin, in der Entscheidung zwischen richtiger und falscher Anschauung, könnte der letzte Freiheitsrest liegen –, dass wir da nicht den Falschen anbeten. Wie so oft in der Geschichte dürfte auch Teilhards Idee zunächst auf dem Kopf stehen, denn was sich da entwickelt, sieht dem wiederkehrenden Jesus Christus zum Verwechseln ähnlich, ist aber etwas anderes. Es ist der auferstandene Kaiser, gegen den sich der Messias erst noch beweisen muss. Wir können uns diesen Endkampf dann in aller Ruhe ansehen, denn eingreifen können wir ohnehin nicht mehr, nur noch die eine oder die andere Seite anfeuern. So enden wir vielleicht nicht als Marvin Minskys Haustiere der KI[88], sondern als ihre Zuschauer.

II. Kommt jetzt der globale Babeuf?

1. Ist das der Bruch?

Bislang haben wir uns im Rahmen einer geschichts- und geophilosophischen Skizze bewegt und gefragt, wohin der Weltgeist wandert. Es ist noch keine Untersuchung über Politik, die bisher an der philosophischen Leine geht. Jetzt wollen wir den Spieß umdrehen. Fortan ist nicht mehr vom Weltgeist die Rede, sondern vom Weltsystem, und der Lachs wird zur Globalisierung, die ihre Zentren und Peripherien hat. Dadurch verschiebt sich der Blick von der äußeren zur inneren Seite des Weltgeistes, von seinen Wegen zu seinen Formen und Inhalten. Außerdem rückt die Unterbrechung des gleichmäßigen historischen Stroms in den Vordergrund. Nachdem wir also eine sanft dahinfließende Geschichte erzählt haben, in der ein herrschendes Reich das andere ablöst, wollen wir nun einräumen, dass es so reibungslos vielleicht nicht passieren wird. Eher dürfte es einen Bruch geben, der die Ablösung an der Spitze des Weltgeschehens möglich macht. Bevor dieser Bruch die Qualität der Herrschaft verändert (von der Autonoheteronomie zur KI-Subjektblockade), dürfte er erst einmal in ihre Quantität, ihre Reichweite eingreifen, sodass Paulus' »alles in allem« auf einen Weltverbund hinausläuft. Wie es dazu kommen könnte, ist die Frage dieses Kapitels, das erneut in den Strudel der Dialektik gerät, denn der erste Schritt dorthin wird in die gegensätzliche Richtung gemacht. Er führt von der Welteinheit, die sich in einigen Bereichen bereits andeutet, zu abgegrenzten politischen Räumen, bereitet damit aber die umfassendere Einheit vor: den globalen Babeuf, der am Ende der Geschichte der Staaten steht und der KI-Herrschaft einen weltumspannenden Rahmen liefert. In ihm könnte es tatsächlich so etwas wie Kommunismus geben, auch wenn der dann ganz anders aussieht, als man immer dachte.

Die Konturen des Bruchs wurden mit Ausbruch der Corona-Krise deutlich, als nämlich – parallel zur virologischen und politberatenden (Was ist das und was können wir tun?) – zwei Debatten über die Zukunft der Welt entbrannten, die bis heute andauern. Da ist einmal der Konflikt zwischen Kontraktionisten und Expansionistinnen um die Frage, ob die Globalisierung zurückgenommen, wiederhergestellt oder angetrieben wird, indem sie nun auch politische Strukturen bekommt. Zweitens wurde über den Charakter der Nach-Corona-Politik gestritten: Ist der

(Neo-)Liberalismus am Ende[89], kommt eine autoritäre Wende[90] oder doch noch der Kommunismus[91]?

Beide Fragen gehören zusammen, weil sie den Ort (national, supranational, transnational oder global) und die Idee politischer Gemeinschaften verhandeln (liberal, sozialistisch, faschistisch, ökologistisch), sich also fragen, welches politische Gebilde aus der Corona-Situation hervorgeht, welchen Umfang es nach außen und innen annimmt und wie es die Bevölkerungsinteraktionen kontrolliert. Es geht also darum, wie das Material (die Gesellschaft) in eine Form (ihre Organisation) gebracht wird und welche Form dieser Form (der Ort) die richtige ist.

2. Kontraktion und Expansion

Was fehlt, ist eine Zusammenführung der widerstreitenden Positionen, denn wahrscheinlich haben beide Seiten recht und unrecht zugleich: Die Kontraktionisten, weil tatsächlich erst einmal Grenzen geschlossen werden und sich die Nationalstaaten um sich selbst kümmern; weil der Welthandel zurückgeht – angefeuert von einem Handels- und Internetkrieg zwischen den USA und China – und globale Lieferketten unterbrochen werden, die wahrscheinlich etwas regionaler als zuvor wieder aufgebaut werden; weil Flugzeuge – Verkörperungen der Globalisierung – am Boden bleiben oder leer fliegen, sodass sie nun für eine erschöpfte Globalisierung stehen, die sich an ihre Vergangenheit klammert. Sollte sich all das zu einer großen Wirtschaftskrise ausweiten, dann dürfte der protektionistische Druck auf die Regierungen steigen und die Globalisierung zurückgenommen werden.

Aber auch die Expansionistinnen haben recht, weil alle weltweit über das Gleiche diskutieren (es also eine globale Öffentlichkeit gibt), fieberhaft an einem Gegenmittel forschen und weil Stimmen lauter werden, die der Weltgesellschaft einen staatlichen Überbau verpassen wollen, der zunächst einmal europäisch ausfallen dürfte (gerade dass Europa sich anfangs handlungsunfähig gezeigt hat, könnte es künftig stärken, weil Krisenressourcen zentral besser mobilisierbar sind; was aber nicht heißt, dass es auch als liberales Projekt fortgesetzt werden muss).

Wenn Maurizio Ferraris im März 2020 behauptet, dass die Globalisierung unser »Schicksal« sei,[92] dann scheint er sein eigenes Lockdown-Schicksal auszublenden, damit das Geschichtsbild rein bleibt. In Wirklichkeit ist Unentrinnbarkeit wohl nur um den Preis des Einschlusses der Entrinnbarkeit zu haben. So ist es auch mit Globalisierung und Deglobalisierung, die Fangen spielen, sich durch die Geschichte jagen und für einen schwankenden Verlauf sorgen.[93] Meistens wurde der Weg zur Welteinheit von Kriegen unterbrochen (1618–1648, 1789–1815 und 1914–1945), in deren Folge die Zirkulation von Menschen, Waren, Kapital und Informationen zurückging. Doch es gab noch ein Kontraktionsereignis von ganz anderer Art: Um das Jahr 1350 herum zerfiel das erste eurasische Weltsystem[94] (das zuvor durch die Pax Mongolica geschaffen wurde) durch den Ausbruch der Pest in China, Europa und im Nahen Osten. Die Seuche verbreitete sich auf denselben Handelsrouten, die zuvor die Vernetzung ermöglicht hatten, und grassierte in denselben Städten, die ihre eifrigsten Stützen gewesen waren – 1347 erreichte sie das genuesische Caffa (und damit die Avantgarderepublik der vorangegangenen Expansion), verbreitete sich rasch in ganz Europa und wütete in den Städten heftiger als auf dem Land. Die Urbanisierungsrate sank und unterschritt jene Schwelle, die zuvor einen Handelsgeist ermöglicht hatte. Der verschwand wieder, man misstraute den Schiffen, ganze Regionen wurden abgeriegelt, das Weltsystem zerfiel in regionale Teilsysteme und die Welteinheit war erst einmal dahin (vor allem weil das überdehnte Mongolische Reich in der Pestzeit seine Infrastruktur vernachlässigte, was zu Hungersnöten und Aufständen in China führte und den Zerfall einleitete).

Doch die Kontraktion trug bereits den Keim der kommenden Expansion in sich:[95] Der Bevölkerungsrückgang löste eine europäische Agrarkrise aus, die den Adel und die Kirche (deren Autorität nach dem Massensterben in Zweifel gezogen wurde) schwächte und zwei Seiten stärkte: Könige und Arbeitskräfte, deren Verknappung den Preis steigen ließ, was die Suche nach mechanischem Ersatz befeuerte und technische Innovationen zur Folge hatte (zum Beispiel den Buchdruck). Europa wurde innovativ und zentralisiert, denn das Pestchaos stärkte die Könige gegenüber dem Adel (dessen Leibeigene wegfielen, weil sie starben oder, aufgrund größerer Verhandlungsmacht, frei wurden oder gar in die Städte gingen). Dass sie zudem als Ordnungsmacht auftraten, indem sie gegen Plünderer und Raubritter (oft verarmte Adlige) vorgingen, steigerte ihre Legitimität zusätzlich gegenüber Kirche und Adel und verschaffte ihnen die Unterstützung der unteren Schichten, die sich als Söldner auf die Seite des Königs schlugen.[96] Die starken Könige wiederum sollten die kommenden Expansionszyklen Europas bestimmen.

Der Zauberstab der Dialektik verwandelte die Deglobalisierung in einen Schritt auf dem Weg zur Negation der Negation, also zur Fortsetzung des Weltverknüpfungsprojekts auf höherer Ebene – später, intensiver und mit anderen politischen Raumakteuren. Den Anfang machten Portugiesen und Spanier, die sich, angefeuert von genuesischem Kapital und mit der Wucht der Reconquista im Rücken, im 15. Jahrhundert mit Waffengewalt und schnellen Schiffen ins eurasische Teilsystem drängten und ihm Amerika hinzufügten.[97] England, Frankreich und die Niederlande sollten ihnen bald folgen – und gegen sie rebellieren, indem sie sich im Dreißigjährigen Krieg dem habsburgischen Griff nach der Weltmacht entzogen,[98] um ihn anschließend selbst zu wagen.

Auch in dieser Kontraktionsphase wiederholte sich also das Hin-und-her-Spiel: Im Dreißigjährigen Krieg entstanden mit den absolutistischen Monarchien die Expansionsagenten der kommenden Phase. Sie konnten die Gesellschaft intensiver durchdringen und größere Machtmittel bereitstellen als alle politischen Formationen zuvor (durch Merkantilismus, Bündelung der Macht am Hofe und Schaffung einer Bürokratie, die schon über den König hinauswies). In den napoleonischen Kriegen, dem nächsten Kontraktionsereignis, entstand der imperialistische Nationalstaat, der durch Massenbeteiligung abermals seine Intensität steigern konnte und die kommende Expansionsphase bestimmte, bevor auch diese 1914 in ihr kontrahierendes Gegenteil umschlug. Dann kamen die überstaatlichen

Blöcke (Entente und Mittelmächte), die schon in Großraumdimensionen dachten und den Nationalstaat überstiegen (im nationalsozialistischen Europagedanken zeigte sich, dass die Nazis an der Nation nicht sonderlich interessiert waren). Sie ließen das Weltsystem von 1914 bis 1945 kontrahieren, gingen aber auch als Expansionsavantgarde in die nächste Runde, in der NATO (+ Bretton-Woods-Institutionen) und Warschauer Pakt die Welt organisierten. Überwölbt wurden sie von den Vereinten Nationen, deren völkerbündische Wurzeln ebenfalls in die Kontraktionsphase zurückreichen. Die Dekolonisierung der 1940er-, 1950er- und 1960er-Jahre, die Öffnung Chinas seit den späten 1970ern und der Zusammenbruch der Sowjetunion in den späten 1980er-Jahren hatten dem wieder expandierenden Weltsystem frisches Material zugeführt und die Globalisierung angeheizt. Jetzt neigt sich diese Phase wohl ihrem Ende entgegen.

Doch es wird wohl nicht das letzte Ende gewesen sein, eher ein Innehalten, um Kräfte für den nächsten Schritt zur Welteinheit zu sammeln. Denn im Hin-und-her-Spiel der Globalisierung wuchsen Ausdehnung und Intensität des Weltsystems und seiner Subjekte; sie wurden größer (Städte, Königreiche, absolutistische Monarchien, imperialistische Nationalstaaten, Großräume, zusammengehalten durch die Klammer internationaler Institutionen) und mit wachsender Sorgfalt nach Lebendigkeit abgegrast, von der das Weltsystem lebt. An dieser Stelle trifft es sich mit der KI-Singularität: Sowenig wie die maschinelle Abschottung gegen Änderungsversuche ein technopolitisches Subjektaußen duldet, das noch handeln kann, lässt es einen geopolitischen Außenraum zu, in dem sich solche Subjekte formieren können. Die technologische wird von der geopolitischen Singularität zur Beendigung aller Geografie begleitet und läuft auf den Globus als verwalteten Herrschaftsraum hinaus.

3. Globalisierungsmüder Westen

Aber noch gibt es kleinere politische Einheiten, und sie stemmen sich seit einigen Jahren wieder stärker gegen die Einheit, die ihnen blüht: Trump und Johnson, Modi und Bolsonaro, Erdoğan und Duterte, Salvini, Le Pen und Orbán versprechen weniger Kooperation (oder Befehle von oben und außen) und mehr Schutz ihres eng gezogenen Bevölkerungskreises, wofür sie Grenzen schließen möchten. Ihr Partikularismus bricht mit Globalisierungsuniversalismen der 1990er- und 2000er-Jahre. Sie sind die Vorhut der Anti-Habermase, die überall aus dem Boden sprießen. (Mitunter verbinden sie sich zu einer kontraktiven Internationale, um die Möglichkeit der Partikularität global durchzusetzen. Die Kontraktiven sind also auch expansiv.) Die neuere Umweltbewegung, auf der anderen Seite des politischen Spektrums angesiedelt und gar nicht mal so unhabermasianisch, ist ebenfalls kontraktiv, weil sie – neben technologischem Wandel – Einschränkungen der Mobilität, Entkopplung der Märkte oder sogar Deindustrialisierung fordert, um den Klimawandel in den Griff zu bekommen. Die Bewegung hat aber noch einen zweiten, expansiven Kern, weil sie globale Aktionen gegen den Klimawandel einfordert, also an die Weltgemeinschaft appelliert. Auch da geht es also hin und her, nach vorn und zurück.

Diese politischen Bewegungen befinden sich im Einklang mit dem Rhythmus der Globalisierung. Schon vor der Corona-Krise hatte sich die Zunahme des weltweiten Warenverkehrs verlangsamt. »Die Phase der Hyperglobalisierung, die wir bis zur Finanzkrise der Jahre 2008 und 2009 gesehen haben, dürfte auf absehbare Zeit vorbei sein«, meint der Ökonom Sebastian Dullien: »Unternehmen sind vorsichtiger geworden, weiter immer stärker auf grenzüberschreitende Lieferketten zu setzen, weil sie mit dem Brexit und den neuen Handelskonflikten erfahren haben, wie anfällig solche Konstruktionen sind.«[99] Das »Grundrauschen der Unzufriedenheit« mit der

Globalisierung, das EZB-Chefin Lagarde schon seit Längerem vernimmt, hat seine politische Nische verlassen und selbst den eifrigsten Expansionsakteur, das Kapital, erfasst.

Die Seuche ist also nicht der Auslöser, sondern nur ein Tendenzverstärker der kommenden Kontraktion[100], die sich dadurch verschärfen dürfte, dass die Stützmacht der letzten Expansionsphase (die USA) wegbricht: In der Corona-Krise fällt der alte Hegemon durch Abwesenheit, Hilflosigkeit und nationale Alleingänge auf. Damit befördert er die Renationalisierung der Politik und macht sie zugleich fraglich, weil deren Steuerungsdefizite offenkundig werden – auch dieser Effekt ist also doppeldeutig. Auffällig ist, dass sich nationales Einigeln und Globalisierungsmüdigkeit zuerst im Zentrum des Zentrums ausgebreitet hatten. Ausgerechnet die Vorreiter der vergangenen Öffnung, die zur beschleunigten Globalisierung führte – Reagans USA und Thatchers Großbritannien –, machten als erste kapitalistische Kernländer einen Rückzieher, indem sie Trump wählten und für den Brexit stimmten. Die Avantgarde widerrief ihr eigenes Produkt und verwandelte sich in eine gegenrevolutionäre Kraft, blieb also Avantgarde. Kaum war die Kontraktion eingeleitet, da blitzte das erste Großereignis auf, und ausgerechnet die USA und Großbritannien (aber auch Bolsonaros Brasilien, das ebenfalls zu den Störenfrieden der Welteinheit gehört) schlugen sich dabei besonders schlecht. Ihre moralische Führerschaft hat darunter gelitten und sie werden es schwer haben, die Welt noch einmal so zu verzaubern, wie es ihnen mit Reaganomics und Thatcherism gelungen war. Gerade diese Modelle (die Regierung als Problem und die Autonomieillusion des Einzelnen) haben sich als besonders pandemieanfällig erwiesen.[101] Künftig dürfte die Welt auf kollektivistischere Ordnungsmodelle zurückgreifen. Das Zeitalter des Partialpartikularismus (ganz abwickeln wollen sie die Weltordnung wohl nicht, es hängen zu viele Privilegien daran) können die alten Nordwestmächte vielleicht einleiten, aber nicht bestimmen. Dafür ist ihnen der Auftakt zu sehr misslungen.

4. Chinas Kontraktionsexpansion

Transzendentalkontrakteur

Dazu ist China besser geeignet. Sicher freut es sich, dass es das eigene Programm vom Gegner vorgeschlagen bekommt (auch hier gab es also wesenhafte Durchdringungen). Peking, das schon immer skeptisch war, die Globalisierung über den ökonomischen auf den rechtlichen, kulturellen und moralischen Bereich auszudehnen, wird gern dabei helfen, die spätliberale Weltordnung abzuwickeln. Zugleich bereitet es die künftige Superexpansion der Globalisierung vor, indem es Afrika industrialisiert, mit der Neuen Seidenstraße ein Band um Eurasien legt und an einer KI-Verselbstständigungstechnik arbeitet.

In der Corona-Krise wurde der Führungsanspruch so deutlich wie nie zuvor. Peking bekam das Virus schneller in den Griff als der Westen, hatte geringere ökonomische Einbußen zu verkraften und half auf allen Kontinenten mit Geld und Material (Masken- und Impfstoff-Diplomatie). Dass es dabei die eigenen Leistungen übertreibt, zeigt nur den Anspruch auf Führerschaft. Ein Hegemon darf nicht bescheiden auftreten. So bekommt er jenen Zauber des selbstverständlichen Gelingens, den der Rest der Welt so anziehend findet. Der könnte sich nun auch über die Regierungsweise legen, denn sollte es tatsächlich einen illiberalen Schwenk im Westen geben, dann ist China geübter in den dafür notwendigen Regierungstechniken. Die Welt dürfte sich künftig etwas mehr für China interessieren, das zum neuen Vorbild werden und damit endlich jene *soft power* bekommen könnte, die eine aus sich heraus starke Macht braucht, um die Führung auch zu übernehmen. Wo der Zauber nicht wirkt, kommt offener Zwang dazu. Der chinesische Botschafter in Stockholm hat durchklingen lassen, für die

»Freunde« habe man »feinen Wein«, für die »Feinde« dagegen »Gewehre«.[102] Hongkong, Taiwan, Indien, Bhutan, Japan und Vietnam haben das im vergangenen Sommer zu spüren bekommen.

Zwar behaupten manche, China habe nicht den Willen zur Weltmacht, doch den mussten die USA auch erst entdecken. Anfangs schwankten sie zwischen Isolationismus und Expansionismus. Nach dem Abstieg Großbritanniens und dem Aufstieg Nazideutschlands und der Sowjetunion rutschten sie in die Rolle des Alternativstabilisators hinein, gewöhnten sich daran und irgendwann gefiel es ihnen sogar. Wenn Peking also noch zögert, ist das ganz normal. Herrschaft ist kein Zuckerschlecken, sie zehrt einen aus und verwickelt einen schlimmstenfalls in Kriege. Das Schwanken, die Schwebe, in der sich die außenpolitische Orientierung Chinas zu befinden scheint, kann aber auch etwas damit zu tun haben, dass es seine Rolle bereits gefunden hat und nun seine gesammelten Herrschaftstechniken ausprobieren will. In einer Umbruch- und Eroberungsphase muss man in kurzer Zeit verschiedene Haltungen einnehmen: aufholen und dabei beschwichtigen, übernehmen und aggressiv sein, schließlich herrschen und verschleiern. Da die Phasen ineinander übergehen, verschwimmen auch die Haltungen, und heraus kommt jenes vermeintliche Schwanken, das in Wahrheit Geschmeidigkeit ist.

Dennoch hält zum Beispiel Herfried Münkler China für eine ewige Regionalmacht.[103] Das kann stimmen und trotzdem mit dem Gegenteil zusammenfallen, denn eine Regionalmacht, die sich in globale Ordnungsmuster verstrickt hat, muss zunächst einmal die Bedingung der Möglichkeit der Regionalität herstellen. Denn wer garantiert Zhao Tingyangs »Koexistenz in Harmonie«? Wer bestraft den Störenfried? Wer weist den Universalisten in die Schranken? Dieses Problem hatten schon die ebenfalls partikularistischen Deutschen in der ersten Hälfte des 20. Jahrhunderts, die ihr Pluriversum global absichern mussten und gerade deshalb Weltpolitik betrieben.[104] Das ist das Bequeme an der partikularistischen Position: Man kann sich aussuchen, ob man sie gerade auslebt oder ob man erst einmal die Bedingung ihrer Möglichkeit schaffen muss. Der Transzendentalpartikularist ist ein ambitionierter Universalist. Zur Verschleierung seiner Absichten denkt er sich raffinierte Konzepte aus (zum Beispiel »Tianxia«), häkelt sich also ein Deckchen, das er unterschiebt, damit es nicht so scheppert, wenn sein Anspruch auf »Weltherrschaft«[105] auf den Tisch kommt. Zhao räumt zwar ein, dass die Tianxia-Idee aus China stammt, hält sie jedoch für universell gültig. Ahmt er damit nicht, von kollektivistischer Seite, das Argument des Westens für Menschenrechte nach, die zwar dort zuerst aufgetaucht sind, aber weltweit gelten sollen? Auch daraus lässt sich bekanntlich ein Universalismus schmieden, den China durch Opposition wiederholen dürfte, denn in Zhaos »vernetzter« Welt gelingt der Selbstbezug nur durch Nachaußenwendung, durch den Griff nach dem Globus.

Der große Sprung nach oben

Doch zunächst dürften Nachbarstaaten miteinander verschmelzen. Parag Khanna hat darauf hingewiesen, dass Corona die Regionalisierung nicht nur der Lieferketten, sondern auch der Politik vorantreibt.[106] Schon vor der Krise ist das Handelsvolumen zwischen den USA und China zurückgegangen, das zwischen den USA, Mexiko und Kanada hingegen gestiegen, sodass Khanna bereits die Konturen einer »nordamerikanischen Union« erkennt; Ähnliches erwartet er für Asien, das 2020 die größte Freihandelszone der Welt geschaffen hat. Europa, wo die Einigung am weitesten fortgeschritten ist, könnte auf ganz andere Weise zur Avantgarde des Regierens jenseits des Nationalstaats werden, als Jürgen Habermas sich das gedacht hat[107]: Nicht als Schrittmacher der liberalen Welteinigung, sondern als Vorreiter der Regionenbildung zur Abschottung, die einer illiberalen Welteinheit vorausgeht. Europa schlug sich zunächst nicht gut in der Corona-Krise.

Hilfe leistete es nur schleppend, und zwischendurch zogen die Nationalstaaten sogar ihre Grenzen wieder hoch, die man doch eigentlich überwunden glaubte. Dann aber, auf dem Zenit seiner Handlungsunfähigkeit, rang es sich zu einem gemeinsamen Finanzakt durch, den es so noch nicht gegeben hat: 750 Milliarden Euro für einen Wiederaufbaufonds, gegen den auch die Frugal Four bis Five nicht ankamen, weil Deutschland nicht zu ihnen gehörte. Doch während sich Europa nach innen öffnet, schließt es sich nach außen ab. Binnenmarktkommissar Thierry Breton hat im Rahmen der EU-Industriestrategie angekündigt, die Abhängigkeiten vom Ausland zu reduzieren, und Kommissionspräsidentin Ursula von der Leyen will der EU mithilfe der ersten »truly geopolitical commission« eine »Sprache der Macht« beibringen. Das klingt nicht mehr nach kosmopolitischer Öffnung, sondern nach souveränistischer Selbstbehauptung, nach Bildung eines Großraums, von dem Carl Schmitt, der in China sehr populär ist,[108] träumte. Obwohl zu diesem neuen Stil Chinaskepsis gehören dürfte (Containment der neuen illiberalen Macht), arbeitet er Peking zu, indem er ein Machtzentrum schafft, das unabhängig von den USA ist, und damit ein Großraumsystem mit Interventionsverbot für raumfremde Mächte[109] vorbereitet. Schon Schmitt ahnte, dass sich auf diese Weise die

Monroe-Doktrin gegen deren Erfinder, die USA, kehren ließe.

Doch die Rache der Form ist nicht einseitig. Sie liefert nicht nur dem Gegner der Welteinheit (China) eine Parole gegen den früheren Monroe-Doktrinär, der zur Weltklammer geworden ist (USA), sie weckt auch im Eigenbrötler Ambitionen, entzieht sich also dem sich Entziehenden und zieht ihn auf die Weltebene. Sobald der nämlich die nationalstaatliche Bastion verlassen hat, um die »systemische Gewalt« einzudämmen, wird er feststellen, dass auch der Großraum zu klein ist, um Finanzkrisen, Umweltprobleme oder Pandemien in den Griff zu bekommen. Sein Vergrößerungsentschluss verlangt, dass er noch größer wird und alle Partikularitäten zusammenfasst – zum Beispiel durch ein Tianxia-System, das über ein von unsichtbarer Hand gesteuertes Gleichgewicht der Kräfte oder eine lockere Institutionalisierung zwischenstaatlicher Beziehungen hinausgeht. Zhaos Rede von der »Koexistenz« verdeckt, dass sich das Darüberliegende zu einer Superstruktur verdichten muss, um der global operierenden »systemischen Gewalt« Einhalt zu gebieten und das Schicksal zu kontrollieren (allerdings gelingt das wohl nur um den Preis der Wiederherstellung des Schicksals in Gestalt einer verselbstständigten Technik, sodass weder die begrenzte politische Form der Form noch das

Mittel da bleiben, wo man sie gern hätte; Chinas Entfesselungskunst betrifft nicht nur die Technik, sondern auch den Raum, nicht nur die Intensität, sondern auch den Geltungsbereich der Herrschaft, sodass Mensch und Globus gemeinsam verschwinden). Aus diesem Grund interessiert sich China für supranationale Organisationen. Als Washington im vergangenen Jahr die WHO-Zahlungen einstellte, sprang Peking ein und setzte damit seinen langen Marsch durch die UN-Institutionen fort, der ihm bereits den Vorsitz in vier von fünfzehn technischen Organisationen eingebracht hat (und in sieben weiteren den Vizevorsitz). Die UN revanchieren sich für so viel Engagement und sind voll des Lobes für Chinas Corona-Politik. Die Institutionen öffnen sich für das Tianxia.

Vielleicht ist die Weltgesundheitsorganisation der Nukleus einer künftigen globalpolitischen Struktur. Die europäische Integration hatte ebenfalls mit einer supranationalen Behörde begonnen, die Krisenstoffe – Kohle und Stahl als volkswirtschaftliches Stärke- und Kriegsmittel – unter gemeinsame Aufsicht stellte. Die WHO könnte ihr nun nachfolgen, indem sie die weltweiten Regierungstechniken zur Seuchenbekämpfung bündelt und verfeinert. Der Unterschied ist nur, dass die Europäische Gemeinschaft für Kohle und Stahl über Produktion und Förderung entschied, während das Zentralprodukt der WHO gerade ein Nichtprodukt ist, denn ihr Ziel ist Verhinderung, nicht Förderung von Dingen, weshalb ihre Weltsouveränität eine negative wäre. Das entspräche ganz dem nachbürgerlichen Zeitalter der Verwaltung statt Produktion, der Statik statt Schöpfung, das wir bereits im ersten Kapitel als subjekthemmende KI-Welt skizziert haben. Es herrscht dieselbe Logik der Einschränkung, die den menschlichen durch den technologischen Exzess ersetzt und den Exzess des Raumes hinzufügt. Der geht so weit, dass die Grenzen zwischen den sicher geglaubten Bewegungsbegriffen verschwimmen und die Corona-Kontraktion die Welteinheit vorbereitet. Die Globalisierung wächst an ihrer Rücknahme. Der geschichtlich bekannte Doppelgehalt von Entflechtung und Verknüpfung, Abschwächung und Intensivierung, Verlangsamung und Beschleunigung ist logisch schon anwesend und deutet sich historisch bereits an; unklar ist allein das Tempo, in dem der Umschlag geschieht.

4. Kommunismus als Zwang

Kommunismus

Noch ein anderer Corona-Streit könnte ohne Sieger ausgehen, weil in ihm alle Seiten recht haben, obwohl sie einander zu widersprechen scheinen.

Er wird darum geführt, ob die Krise Veränderungen verhindert oder ermöglicht, ob die steigende Staatsintensität zu einer autoritären Abdichtung führt (Agamben) oder ob sie auf Kommunismus und ökologische Wende hinausläuft (Žižek). Es geht also um die Frage, ob der Ausnahmezustand bloß leerer Zwang ist oder ob er zugleich die Möglichkeit einer Produktion von Fülle enthält (eine dritte Position besteht in der Behauptung, es ändere sich gar nichts, auch sie wird berücksichtigt).

Zunächst ist denkbar, dass die Gesundheitssysteme wieder in die öffentliche Hand überführt werden und dass es der Neoliberalismus schwerer haben wird, denn der hat sich, vor allem in Gestalt seiner Kernländer Großbritannien und USA, aber auch seiner kontinentaleuropäischen Abkömmlinge, in dieser Krise besonders schlecht geschlagen. Mehr noch: Nicht nur die neoliberale Subjektivierung bornierter Corona-Leugner[110], auch das Kapital, das Objekt-Subjekt, hat sich als pandemisch ohnmächtig erwiesen. Dass man sich so lange um einen echten Lockdown drückte, der neben den Muße- auch die Produktionszonen, neben den Cafés auch die Büros umfasst, haben wir wohl der eifrigen Antizipation der Kapitalwünsche durch die Regierungen zu verdanken. Es ist sicher kein Zufall, dass es mit Bodo Ramelow der einzige linke (also der kapitalfernste) Ministerpräsident war, der im Januar 2021 einen totalen Lockdown forderte, um das Virus in den Griff zu bekommen. Nehmen wir einmal an, es wird etwas aus der Krisenbewältigungskrise gelernt, dann könnte sich die Überzeugung durchsetzen, dass sich künftige Krisen nur als Gemeinschaftsakt meistern lassen, was in der heutigen Weltgesellschaft für Slavoj Žižek die Einsicht bedeutet: »Wir sitzen alle im gleichen Boot. Wir brauchen eine globale Koordination und Zusammenarbeit bei der Bekämpfung des Virus«, sodass »globale Solidarität und Zusammenarbeit im Überlebensinteresse von uns allen und das einzig Rationale und Egoistische sind, was man tun kann.«[111] Das würde den Egoismus nicht abschaffen, sondern durch Steigerung in sein Gegenteil verkehren. Die Pandemie, der potenzielle Gleichmacher unter den Krisen, nährt eine Logik der virologischen Gleichbehandlung, die auf andere Bereiche überschwappen könnte. Neuerdings behauptet sogar Klaus Schwab, Gründer des Weltwirtschaftsforums, »[d]er Neoliberalismus« habe »ausgedient«[112], und prognostiziert massive Umverteilungen von Reich zu Arm nach der Pandemie. Natürlich sagt er das mit der Absicht einer »Systemverbesserung«, um die »Systemveränderung« zu verhindern. Schwab ahnt, dass Ungemach aufs Kapital zukommen wird, er sieht ja den Einbruch des Welthandels, den Rückgang der Produktion, den Anstieg der Arbeitslosigkeit und die drohende Hungerkrise in den armen Ländern. All das könnte die Lunte zum Pulverfass der seit Jahren wachsenden Ungleichheit legen. Aber was will man an einem solchen System noch verbessern? Die letzten Räume der kapitalistischen Landnahme sind, nachdem Indien und China dem Kosmos beigetreten sind und Afrika bald durchkapitalisiert ist, erschöpft, es bleiben Intensivierung des Vorhandenen (was Naturzerstörung und die Produktion neuer Viren zur Folge hat) und psychische Nachinnenwendung der Ausbeutung, und die bedeutet Selbstzerstörung oder Explosion, Depression oder Raserei. Parallel zur äußeren gerät damit die innere Natur des Menschen unter Druck. Das Virus verbindet beide Sphären miteinander, es ist die eingesickerte Umwelt, die die Innenwelt demoliert. Dagegen hilft eigentlich nur Kommunismus, der nach Alain Badiou noch »vor uns [ist]«[113]. Er ist die Rettung der Natur drinnen und draußen, das Aktionsprogramm gegen den inneren und äußeren Klimawandel, das sich vielleicht nicht sofort, aber nach einigen Fehlschlägen durchsetzen könnte.

Unterstützt werden dürfte ein solches Formexperiment von jenen Ortsexperimenten, die uns bevorstehen. Ulrike Herrmann hat darauf hingewiesen, dass eine Deglobalisierung bereits ein Frontalangriff auf den Kapitalismus wäre, der die

Expansion braucht.[114] Hier springt also die Frage nach dem Ort auf die nach der Form über. Die Fragen berühren sich wie die Systeme, sodass alle mühsam getroffenen Unterscheidungen dahin sind: Dass das Virus im spätkommunistischen China unter kapitalistischen Bedingungen ausbrach (Wildtierhaltung für wachsende Gourmetmärkte) und sich verbreitete (über die Globalisierungsrouten), im kapitalistischen Westen jetzt aber zaghafte kommunistische Sehnsüchte weckt und den Liberalismus zurücknimmt, ist schon ein Ding, das zeigt, wie verworren es hier zugeht und was da alles aufbricht.[115]

Der Aufbruch betrifft auch den Aufbrecher. Der Kommunismus dürfte ein anderer werden als bei seinen letzten Großversuchen. Die wollten die Gesellschaft von den Fesseln der kapitalistischen Produktionsweise (1917) und das Individuum von den Zwängen der autoritären Gesellschaft (1968) befreien. Heute geht es darum, die Fesseln wieder anzulegen, damit die Natur, also man selbst, nicht stirbt. In dieser Konzentration aufs nackte Leben – Eva von Redecker sieht darin die gemeinsame Klammer von Klima-, antirassistischen und feministischen Protesten, die alle zum Kommunismus beitragen dürften[116] – wirkt der Kommunismus anspruchsloser als bisher. In Wahrheit macht ihn das aber fordernder, die vermeintliche Defensiv- ist eine große Offensivaktion, denn sie deckt sich mit dem Überlebenswillen von Menschen, die er bisher nicht erreichen konnte.

Politische Ökologie, die Lehre vom Ausgleich konfligierender Lebendigkeitsansprüche zwischen Mensch und Nicht-Mensch, ist die neue Verbündete des Kommunismus. Beide gehorchen derselben Logik. Sie beharren auf der Lebendigkeit des scheinbar Leblosen, beseelen, was achtlos übergangen wurde, erwecken zum politischen Leben, was für tot galt: die Natur und die ausgestoßenen Menschen. Ein solcher ökologisch gereifter Kommunismus verwandelt nicht nur die Vertikalität der Klassen in eine Horizontalität der Gleichen, er holt auch den bislang unbeachteten Außenraum der Natur in die Gesellschaft hinein und ermahnt die Menschen, sie gut zu behandeln, damit sie es auch tut – oder wenigstens neutral bleibt. Die Hereinholung des Außen tut dem Innen und dem Außen gut, das nicht mehr – wie im vergangenen, utopischen Kommunismus – eine Fantasiewelt ist, sondern das reine Diesseits der Natur. Das ganz Andere wird im Ureigensten gefunden. Das reinigt die Utopie. Der Kommunismus wird nüchterner, anspruchsloser, er will weniger und kriegt dafür mehr.

Irgendwann dürfte die ökologische Idee, die die Jüngeren seit einigen Jahren verbreiten, auch bei den Älteren reifen, die von Seuchen in der Regel am schlimmsten betroffen sind. Pandemien haben (anti-)ökologische Ursachen wie (Massen-)Tierproduktion, schwindende Biodiversität oder Hyperurbanisierung und Landübernutzung.[117] Auch wenn im Fall von Covid-19 die Massentierhaltung nicht das Entscheidende war (wohl aber die durchkommerzialisierte Wildlandwirtschaft[118]), wird es im anbrechenden Zeitalter der Seuchenbekämpfung um Verhinderung aller Pandemien gehen, und da gibt es einige, die ihre Wurzeln in Massentierhaltung, expandierender Agrarindustrie und umweltlicher Rücksichtslosigkeit haben – und es werden, mit wachsender Intensität des Welt- auf Kosten des Ökosystems, immer mehr.[119] Und schließlich gibt es, eine Stufe konkreter, Hinweise, dass Verbreitungsgeschwindigkeit und Tödlichkeit der Seuche von den Feinstaubwerten abhängen. Über Ökologie wird also so oder so noch zu reden sein. Sie ist in den letzten Jahren zum umschwärmt-missachteten Großthema geworden, dessen Dringlichkeit man zwar erahnt hat, das aber mächtige Gewohnheiten gegen sich hatte und über keine Mittel verfügte, um sie zu durchbrechen. Jetzt sind sie plötzlich da.

»Es sollen die Wissenden regieren«

So nimmt Andreas Reckwitz die Corona-Politik als Testfall für die Klimakrise, in der wir uns ebenfalls Beschränkungen auferlegen müssen.

Sie erfordern – neben einem Hygiene- und Distanztraining – Zwangsmaßnahmen, falls jemand nicht mitmachen will. Dafür sorgen Neuerungen im Infektionsschutzgesetz, mit denen der Staat so einiges anstellen kann, weshalb etwa Andreas Fisahn eine irreversible Beschädigung des Rechtsstaats befürchtet (die »Generalklauseln« des Infektionsgesetzes »ermächtigen« zu »intensiven Grundrechtseingriffen«[120]). Natürlich steckt dahinter kein handstreichartiger Putsch, sondern die Anwendung wissenschaftlicher Expertise, die den eingeschüchterten Staat in die Rolle des Regulators drängt, und das schon seit Längerem, weshalb Reckwitz Corona auch in dieser Hinsicht nicht als Bruch, sondern als Tendenzverstärker bereits eingeleiteter »Transformationsprozesse« deutet. Dazu gehört neben der »Revitalisierung der Regulierungsfunktionen des Staates [...] die tiefgreifende Wirkung der Digitalisierung«.[121] Aber vielleicht sind Kontinuität und Bruch keine Gegensätze. Enthält die Fortschreibung der Gegenwartsprozesse nicht den radikalsten Bruch überhaupt? Nehmen wir nur die Digitalisierung. Sie ist das Beschleunigungsmittel der künstlichen Intelligenz, die von Datenspuren lebt und jetzt einen zusätzlichen Aufschwung erleben dürfte, weil sie weniger Lockdown-anfällig ist als menschliche Arbeit. Worauf KI hinausläuft, haben wir bereits erörtert, aber selbst im Stadium vor der Singularität entfalten Digitalisierung und künstliche Intelligenz ihre herrschaftssteigernde Wirkung, weil sie dem Kontrollstaat nützen, der gern von ihnen Gebrauch macht – zunächst mit den besten Absichten. Er ist ja gezwungen, sie einzusetzen, wenn sie ihm dabei helfen, seine Kernaufgabe zu erfüllen, nämlich das Leben seiner Bürgerinnen zu schützen, weshalb in der Corona-Krise auch liberale Demokratien ziemlich schnell zum Tracking übergegangen sind. Was damit alles angestellt werden kann, ahnt man nur, klar ist aber, dass sich liberale Gesellschaften auf diese Weise ein illiberales Element heranziehen – natürlich auf Empfehlung von Experten, deren rasche Einsicht in die Notwendigkeit der umständlichen Deliberation vorgezogen wurde. Die wissenschaftliche Sachautorität verstärkt nur den alten Sound des Sachzwangs, vor dem es kein Entkommen zu geben scheint. Die Wissenschaft – zumindest, wo sie sich in Formeln, Grafiken und Tabellen pressen lässt – wird gern in die Politik gelassen: »Es ist beeindruckend«, schreibt Jürgen Kaube, »wie stark die allermeisten Staaten, wenngleich in unterschiedlicher Geschwindigkeit, dem wissenschaftlichen Rat gefolgt sind, durch drastische soziale Kontakteinschränkungen eine massive Überlastung der Krankenhäuser zu vermeiden.«[122] So viel szientistische Hörigkeit deckt sich mit der Klimabewegung, die ebenfalls eine Verwissenschaftlichung der Politik fordert. Und sie passt zum Kommunismus, der schon immer wissenschaftlicher sein wollte als alle anderen Ordnungsversuche. Er ist angetreten, um die blinden Naturkräfte einer Planung zu unterwerfen und den Liberalismus in seinem Naturbeherrschungseifer noch zu übertreffen. Nachdem er sich dafür im 20. Jahrhundert auf die Bändigung der zweiten Natur, der menschlichen Systeme unter Führung des Kapitals, konzentrierte, könnte sich sein Blick nun auf die verdrängte erste Natur, auf Viren und Umweltzerstörung, richten (und ein Bündnis mit der zweiten Natur, diesmal unter Führung einer künstlichen Intelligenz, eingehen). Dabei verschiebt sich sein Bändigungsanspruch nach innen, auf den Menschen, der nicht mehr befreit werden, sondern sich anpassen soll. Das kehrt den Charakter des Kommunismus völlig um: Damals war er eine Möglichkeit, heute ist er eine Notwendigkeit, damals öffnete er etwas, heute schließt er etwas ab, er ist kein Wagnis mehr, sondern das Ungewagte, er enthält keinen Freiheitstraum, sondern das größte Sicherheitsprojekt der Geschichte, dem es nicht mehr um ein schönes Leben geht, sondern darum, überhaupt eins zu haben (passt das nicht zum Stumpfsinn der KI-Welt, die wir im ersten Kapitel skizziert haben?). Von den wohlklingenden Versprechen, der Poesie seiner Jugend im

19. und 20. Jahrhundert, bleibt die nüchterne Einsicht übrig, dass es nur gemeinschaftlich und global geht und dass das Kapital dabei im Weg steht. Dieser Kommunismus wird nicht mit glühenden Wangen erdacht und nicht auf der Barrikade erkämpft, schon gar nicht entspringt er einem Bündnis von Marx und Breton, das bei seinem letzten Einführungsversuch die Fantasie an die Macht bringen wollte. Er ist das Produkt einer müde gewordenen Gesellschaft, die ihn schulterzuckend hinnimmt, weil er vernünftig ist, und sich sagt: In Ordnung, »[e]s sollen die Wissenden regieren«[123]. Was man sich lange Zeit über seinen Gegner, den Kapitalismus, erzählte, wird man dann über ihn sagen: Er ist nicht schön, aber etwas Besseres gibt es ja doch nicht.

Seine Statik wäre etwas vollkommen Neues, das das Neue ausschließt und sich auf die Bewahrung der Natur konzentriert. Damit er aber etwas bewahren kann, muss er über sich hinauswachsen, sodass uns schon wieder die Begriffe durcheinandergeraten: So wie Expansion und Kontraktion, Kommunismus und Autorität zusammenfallen, begibt sich auch der Unterschied zwischen Statik und Dynamik in die Obhut einer höheren Einheit. Den Umschlagpunkt können wir bei Andreas Reckwitz ausmachen, der prognostiziert, dass bislang hochdynamisierte Staaten »nicht noch weiter mobilisiert und dereguliert [werden], sondern stabilisiert und reguliert«. Es bedürfe nun »[e]ines Staates, der nicht mitläuft, sondern gegenhält, der nicht beschleunigt, sondern eindämmt«[124]. Doch um eindämmen zu können, muss er dynamisieren, um regulieren zu können, muss er zunächst mobilisieren, um zu Hause aufzuräumen, muss er in die Welt hinausziehen, wo die systemischen Kräfte lauern. Was wir schon am Beispiel Chinas gesehen haben – dass es nur im Außenbereich zu sich kommen kann –, gilt für alle Staaten. Die systemischen Kräfte verlangen mindestens regionale, im Grunde aber globale Steuerung, sonst machen sie, was sie wollen. Eben sprang noch die Form auf den Inhalt über, jetzt springt der Inhalt zurück zur Form und weitet sie aus. Dabei entstehen die Konturen eines neuartigen, konservativen Kommunismus, der die Welt nicht erobern, sondern zur Bescheidenheit zwingen will und dafür ein gigantisches Kontraktionsimperium errichtet.

5. Der globale Babeuf

Babeuf: Kommunismus als Verwaltung des Mangels

Kommunismus als globales Programm zur Verwaltung des Mangels – diese Idee hatte schon der DDR-Dissident(endissident) und frühe Philosoph der grünen Bewegung Wolfgang Harich. 1975, die ersten Berichte des Club of Rome lagen gerade vor, forderte er einen globalen Zwangsstaat, wie ihn Gracchus Babeuf in der Französischen Revolution durchsetzen wollte, um die Last der notwendigen Ressourcenbegrenzung gleich zu verteilen. Damit schloss er an eine »kleinbürgerliche«[125] Tradition des Kommunismus an, die von marxistischen Groß- und Bildungsbürgern verdrängt wurde (der Dialektiker Harich wusste den Kommunismus aus seinem bürgerlichen Gegenteil zu entwickeln, und da blieb ihm nur die Wahl zwischen zwei Linien). Diese hatten mit ihren Fortschritts- und Überfluss-für-alle-Ideen das theoretische Geschäft bestimmt und, das räumt Harich ein, in der kommunistischen Jugendphase dafür gesorgt, dass das Proletariat sein Elend nicht hinnahm. Heute aber, wo es nicht mehr darum geht, sich die Welt anzueignen, sondern sich ihre Zumutungen vom Leib zu halten, trägt auch der Kommunismus reifere, ernstere Züge – es geht ihm nicht mehr um die »Freigabe der Welt zum Genuss«[126] (Marcuses Credo, das 1968 vorwegnahm), sondern um die Begrenzung der Furcht auf der Welt. Ein solcher Kommunismus weitet die Möglichkeiten zu Einschränkungen aus, um die Menschheit in einen »homöostatischen Zustand«[127] zu überführen, ohne Wachstum, ohne Zerstörung, ohne Ungleichheit (dieser Kommunismus der Einschränkung passt zur negativen Souveränität eines Weltgesundheitsregimes, das nichts produzieren und nur verhindern will). Es ist kein schöner Kommunismus, und gerade als Kommunistin könnte man darüber verzweifeln, dass er kommt.

Im globalen Babeuf fallen Expansion und Kontraktion zusammen: Es gibt eine globale Autorität, die das Ganze in seine Einzelteile zerlegt, um die Weltgesellschaft von sich selbst getrennt zu halten, damit sie den Unfug, zu dem sie tendiert, bleiben lässt. Die Corona-Krise bringt uns vielleicht noch nicht diesen globalen Babeuf, macht aber einen Schritt dorthin. Noch sind nicht alle Möglichkeiten partikularer Globalsteuerung ausgeschöpft. Es kommt wohl erst noch die chinesische Vorherrschaft, die aber durch den Anspruch der Kommunistischen Partei, gewürzt mit etwas Tianxia, nicht gegen den Universalismus spricht, weit weniger noch als der US-Liberalismus, der jetzt zu Ende geht.

Mit China katapultiert die Corona-Krise eine Macht nach vorn, die sich zur Errichtung eines globalen Babeuf eignet. Im Unterschied zu den USA, die ihren Aufstieg im 19. Jahrhundert mithilfe eigener Böden und Ressourcen bewerkstelligen konnten, ist China ein »Land des Mangels«[128], in dem beides, gemessen an der Bevölkerungszahl, knapp und umkämpft ist. Deshalb war ihm von Anfang an eine Außenorientierung zur Erschließung neuer Gebiete und zur Abwehr der Feinde eingeschrieben. Die Mangelerfahrung nährte zudem eine Sorge um die Natur und bewirkte ökologische Demut – die sich allerdings mit Hybris paart, wenn Peking Geo-Engineering betreibt, um Regen in der Wüste zu erzeugen, Milliarden Bäume zu pflanzen oder das Meer zu reinigen. Indem es den schädlichen Natureingriff in einen nützlichen verwandeln und den ökologisch nachlässigen Menschen geschickter machen will, verbindet Peking die konservative Sorge um die Schöpfung mit einer hypermodernen Eingriffslust: Expansion und Bescheidenheit, über sich hinausgreifen und zurückweichen, darin besteht der Doppeleffekt des Charakters Chinas als Mangelland. Er entspricht der Expansionskontraktion des globalen Babeuf, der die Eingriffe weltweit berechnet. Vorbereitet wird er durch ein Öko-Tianxia-System, der Konsequenz aus Xi Jinpings Versprechen, eine ökologische Zivilisation aufzubauen. Im vergangenen Jahr hat sich China zur Klimaneutralität bis 2060 bekannt. Die USA sind dagegen 2019 aus dem UN-Klimaabkommen ausgestiegen. Sie hatten das Zeitalter des Überflusses angeführt, das jetzt zu Ende geht. (Nicht nur der Subjektherrlichkeit wird durch KI eine Schranke gesetzt, sondern auch dem Ressourcenverbrauch. Zwar verbraucht Digitaltechnik derzeit noch sehr viel, doch das liegt wohl daran, dass der Mensch noch nicht abgetreten ist; erst die abgeschottete KI arbeitet klimaneutral.) Es musste erst das altehrwürdige, beinahe aristokratische China kommen, um die nüchterne Einsicht in den Mangel durchzusetzen, während das nüchtern-bürgerliche Amerika mit dem Gedanken spielte, ein Reich des Überflusses zu errichten. Der Gegensatz steckt schon im Gründungsmythos: Hier der Urkaiser Yu, der die Entwässerung organisierte und China vor der Flut schützte, dort die amerikanischen Gründerväter, die ihr Recht auf borniert Eigenständigkeit erkämpften; hier der Koordinator kollektiver Naturanpassung, dort die Produzenten eines irrlichternden Überschusses, dessen ökologisch-pandemische Handlungsunfähigkeit immer deutlicher wird.

Babeuf, der erste Kommunist, wird auch der letzte sein, sodass schon innerhalb des Kommunismus jener Urzustand auf höherer Stufe wiederhergestellt wird, der der gesamten Menschheit blüht. Der globale Babeuf hilft den Menschen, »ihre Bau- und Kunstwerke so« zu schaffen, »wie die Vögel ihre Nester bauen oder wie die Spinnen ihre Netze weben«.[129] Mit diesen Netzen sind die verbundenen Apparate gemeint, denn die Menschen setzen bei ihrer Rückkehr zur Natur auf fortschrittliche Mittel, auf »Computer«[130], die »dann die für alle Beteiligten nützlichste Lösung auszurechnen hätte[n]«[131]. Nun haben die Apparate jedoch die Tendenz, sich zu verselbstständigen, sodass sich der globale Babeuf mit dem künstlichen Kaiser verbindet und ein ewiges Reich errichtet, in dem der »kommunistische Weltwirtschaftsplan«[132] gilt und das Klima geschützt ist.

Ziz: Der Nicht-Staat als Meister der Aerosole, Bezwinger des Klimawandels und Herr der Signale

Nun haben wir das Ende der Geschichte zweimal erzählt: als Wanderung des Weltgeistes bis zur Erledigung jeder Subjektivität zum Wandern und als Verschwinden des Raumes selbst, durch den gewandert werden kann. Erst jetzt haben wir alle Teile für ein wirklich schönes Ende beisammen: einen abgeschlossenen Inhalt (eine beseelte Materie ohne menschliche Eingriffsmöglichkeiten), eine feste Form (die verwaltete Welt eines kleinbürgerlichen Kommunismus) und eine festgelegte Form der Form (den Globus als Herrschaftsgebiet). Am Ende der ersten Erzählung verschwand der Mensch, mit der zweiten verschwindet der Staat, denn der globale Babeuf enthält eine neue Qualität, die von einer künstlichen Intelligenz bestimmt wird, einem gut geölten Mechanismus, der die Legitimität nur am Anfang braucht, um in Gang gesetzt zu werden. Den Rest erledigt er von allein.

Der Staat ist eine Beschaffenheit des Augenblicks, ein festgehaltener Moment, ein hergestellter Zustand, um Herrschaft von Menschen über Menschen durchzusetzen. Er ist mit der Geschichte verbunden, die Hegel mit der Staatengründung beginnen lässt: »[D]as Vorgeschichtliche« ist das, »was dem Staatsleben vorangeht«.[133] Der Staat, der Statiker der Geschichte, zieht in die formlose Bewegung ein Ordnungselement ein und mobilisiert dafür den menschlichen Willen. Wenn die Welt aber aus sich heraus Friedhofsruhe produziert und der menschliche Wille keine Rolle mehr spielt, dann verschwindet auch der Staat, den es ungewollt nicht geben kann. Kurz zuvor blüht er noch einmal auf: Der Kampf gegen Viren und Klimawandel verschafft ihm noch einmal Sinn und Notwendigkeit, die digitale Automation aller Vorgänge eine letzte Glanzzeit. Sie endet, wenn auch die Automation automatisiert wird, sodass niemand mehr eingreifen kann und der künstliche Kaiser sein künstliches Reich bekommt, das ewig ist. »[S]o ist jede Veränderlichkeit ausgeschlossen, und das Statarische, das ewig wiedererscheint, ersetzt das, was wir Geschichte nennen.«[134]

Cornelia Vismann ließ den modernen Staat mit der Verwaltung durch Akten in den höfischen Kanzleien entstehen. Wenn heute »jedermann ein gesamtes Sekretariat verdichtet im PC vorfindet, vollzieht sich am *Personal Computer* wiederum das Grundgesetz der Bürokratie, wonach die administrativen Techniken jeweils vom

Staat auf das Individuum übergehen«,[135] woraus Friedrich Kittler den Schluss zog: »Dem Staat schlägt seine Todesstunde also jetzt«.[136] Das war noch sehr im Geist der Nullerjahre gedacht, als man sich das Internet als Dezentralisierung nach unten vorstellte, die entweder Anarchie oder Zerfall ermöglicht. Es roch damals nach Befreiung oder, wenn man Pessimistin war, Herausforderung des Staates durch Banden, des Leviathans durch den Behemoth, also nach der Wiederherstellung einer alten Konstellation, die wir aus dem 20. Jahrhundert kennen: Staat, Unstaat oder Befreiung, das heißt latenter Krieg, Bürgerkrieg oder ewiger Friede, nur diesmal eben global.

Nun ist aber vielleicht eine neue Qualität hinzugekommen und wir haben es mit einer anderen Form des Nicht-Staats zu tun, die einer dritten mythischen Gestalt entspricht, die im rabbinischen Schrifttum mit Leviathan und Behemoth ringt und bislang kaum für die Staatstheorie herangezogen wurde: Es ist die Ordnung des Vogels Ziz, der über der Welt schwebt und den Leviathan nicht, wie der Behemoth, nach unten auflöst, sondern nach oben aufhebt. Der Behemoth war der Unstaat, der Ziz ist der Nicht-Staat, aus dem zwar der Krieg, aber nicht die Herrschaft verschwunden ist. Er ist weder der ewige Friede, auf den man im 18. und 19. Jahrhundert hoffte, noch der ewige Krieg, den man im 20. Jahrhundert befürchten musste. Er ist die Abwesenheit jeder Heftigkeit, gleitet sanft über die Menschen dahin und ruft ihnen zu, dass es jetzt genug ist. Mit seinen Flügeln kann er die Sonne verdunkeln (eine Methode, die bereits von Geoingenieuren vorgeschlagen wurde, um die Erderwärmung zu verlangsamen). Der Ziz ist der Meister der Aerosole, in denen die Viren herumschwirren, und der Bezwinger des Klimawandels. Er ist so groß, dass er auf dem Meeresboden stehen kann und zugleich den Kopf über den Wolken trägt, er sieht alles, kümmert sich um alles und verwaltet die Menschen. Er steht mit beiden Beinen auf dem Boden der Tatsachen, durchwatet das Meer und erobert den Himmel, denn er ist Kommunist, aber auch Realistin, weil inzwischen die Wirklichkeit zur Idee gedrängt ist. Sein eigentliches Element aber ist die Luft, der Äther, durch den die Signale schwirren, auf die sich seine Herrschaft stützt und an der es nichts mehr zu rütteln gibt, weil kein Mensch involviert ist. Damit erfüllt sich die marxistische Idee vom »Absterben des Staates« auf verkehrte Weise. Indem nämlich der Staat verschwindet, die Herrschaft aber bleibt, steht er »in der Luft«[137], überlebt seinen Tod und wird ein anderer, gegen den man nicht mehr ankommt. Im 20. Jahrhundert ist er nicht von allein gestorben, da hat man versucht, ihn zu ermorden, jetzt schläft er friedlich ein, verwandelt sich in den Ziz und fliegt davon.

Textnachweis

Die Texte wurden für den Abdruck überarbeitet und ergänzt.

I. »Der Weltgeist als Lachs. Geschichtsphilosophische Implikationen des chinesischen Aufstiegs«, in: *Merkur*, Heft 849, Februar 2020, S. 5–21.

II. »Kommt jetzt der globale Babeuf?«, in: *Merkur-Blog*, 24. März 2020, {www.merkur-zeitschrift.de/2020/03/24/kommt-jetzt-der-globale-babeuf/}, letzter Zugriff: 02.12.2020.

Anmerkungen

1 Georg Wilhelm Friedrich Hegel, *Vorlesungen über die Philosophie der Geschichte* [1830/31], in: ders., *Werke*, Bd. X, herausgegeben von Eva Moldenhauer und Karl Markus Michel, Frankfurt/M. 1970, S. 121.

2 Theodor W. Adorno, *Minima Moralia. Reflexionen aus dem beschädigten Leben* [1951], in: ders., *Gesammelte Schriften*, Bd. 4, Frankfurt/M. 2003, S. 179.

3 Vgl. Friedrich-Ebert-Stiftung, »Smart City Singapur – ein Vorbild für unsere Städte?«, {www.fes.de/stadtentwicklung-wie-sozial-ist-die-smart-city}, letzter Zugriff: 30.12.2020.

4 Vgl. Friedrich Schneider, »Warum wir uns Singapur zum Vorbild nehmen sollten«, in: *kurier.at*, 15. November 2017, {www.kurier.at/wirtschaft/warum-wir-uns-singapur-zum-vorbild-nehmen-sollten/298.140.034}, letzter Zugriff: 30.12.2020.

5 Vgl. Bruno Kaufmann, »Parag Khanna. ›Singapur und die Schweiz sind Vorbilder für die Zukunft.‹«, in: *swissinfo.ch*, 16. Februar 2018, {www.swissinfo.ch/ger/direktedemokratie/parag-khanna_-singapur-und-die-schweiz-sind-

vorbilder-fuer-die-zukunft-/43869842}, letzter Zugriff: 30.12.2020.

6   Vgl. Francis Fukuyama, »Demokratie stiftet keine Identität«. Interview mit Michael Thumann und Thomas Assheuer, in: *Die Zeit*, 13/2016, 17. März 2016, {www.zeit.de/2016/13/francis-fukuyama-politikwissenschaftler-populismus-usa/komplettansicht}, letzter Zugriff: 07.12.2020.

7   Hegel, *Vorlesungen über die Philosophie der Geschichte*, S. 168.

8   Theo Sommer, *China First. Die Welt auf dem Weg ins chinesische Jahrhundert*, München 2019, S. 15.

9   Vgl. Hartmut Rosa, *Beschleunigung und Entfremdung. Entwurf einer kritischen Theorie spätmoderner Zeitlichkeit*, Berlin 2013.

10 Max Horkheimer, »Kritische Theorie gestern und heute« [1969/1972], in: ders., *Gesammelte Schriften*, Bd. 8: *Vorträge und Aufzeichnungen 1949–1973*, Frankfurt/M. 1985, S. 336–353, hier S. 353.

11 Max Horkheimer, »Die Zukunft der Ehe« [1966], in: ders., *Gesammelte Schriften*, Bd. 8: *Vorträge und Aufzeichnungen 1949–1973*, Frankfurt/M. 1985, S. 280–293, hier S. 286.

12 Max Horkheimer, »Funktion und Grenzen bürgerlicher Kultur« [1959–1960], in: ders., *Gesammelte Schriften,* Bd. 6: ›*Zur Kritik der instrumentellen Vernunft*‹ *und Notizen 1949–*

1969, Frankfurt/M. 1991, S. 308–311, hier S. 310.

13 Max Horkheimer, »South Vietnam und die Intellektuellen« [1966], in: ders., *Gesammelte Schriften*, Bd. 14: *Nachgelassene Schriften 1949–1973*, Frankfurt/M. 1988, S. 360 f., hier S. 361.

14 Anne Dufourmantelle, »Das Risiko der Unterwelt (Eurydike)«, in: dies., *Lob des Risikos. Ein Plädoyer für das Ungewisse*, Berlin 2018, S. 299–310, hier S. 301.

15 Vgl. Max Horkheimer, Theodor W. Adorno, »Diskussion über Theorie und Praxis«, in: Max Horkheimer, *Gesammelte Schriften*, Bd. 19: *Nachträge, Verzeichnisse und Register*, Frankfurt/M. 1996, S. 32–72, hier S. 42.

16 Vgl. Max Horkheimer, »Konvergenztheorie« [1959], in: ders., *Gesammelte Schriften*, Bd. 6: ›*Zur Kritik der instrumentellen Vernunft*‹ *und Notizen 1949–1969*, Frankfurt/M. 1991, S. 301 f.

17 Vgl. Max Horkheimer an Anna Steuerwald-Landmann, 20. Juli 1969, in: ders., *Gesammelte Schriften*, Bd. 18: *Briefwechsel 1949–1973*, Frankfurt/M. 1996, S. 740 f., hier S. 741.

18 Vgl. Max Horkheimer, »Der Westen und das Ende der Freiheit« [1968], in: ders., *Gesammelte Schriften*, Bd. 14: *Nachgelassene Schriften 1949–1972*, Frankfurt/M. 1988, S. 476 f.

19 Vgl. Janet Abu-Lughod, *Before European Hegemony. The World System A. D. 1250–1350*, New York 1989.

20 Eric Lionel Jones, *Das Wunder Europa. Umwelt, Wirtschaft und Geopolitik in der Geschichte Europas und Asiens*, Tübingen 2012.

21 Vgl. Kai-Fu Lee, *AI-Superpowers. China, Silicon Valley und die neue Weltordnung*, Frankfurt/M. 2019.

22 Ebd.

23 Michel Foucault, *Die Ordnung der Dinge. Eine Archäologie der Humanwissenschaften*, Frankfurt/M. 1974, S. 462.

24 Vgl. Kai Strittmatter, *Die Neuerfindung der Diktatur. Wie China den digitalen Überwachungsstaat aufbaut und uns damit herausfordert*, München 2018.

25 Vgl. Nick Bostrom, *Superintelligenz. Szenarien einer kommenden Revolution*, Berlin 2014; Ray Kurzweil, *Menschheit 2.0. Die Singularität naht* [2005], Berlin 2013.

26 Horkheimer/Adorno, »Diskussion über Theorie und Praxis«, S. 67.

27 Toby Walsh, »Elon Musk hat Unrecht: Die KI-Singularität wird uns nicht alle umbringen«, in: *Elektronik Praxis*, 16. Juli 2018, {www.elektronikpraxis.vogel.de/elon-musk-hat-unrecht-die-ki-singularitaet-wird-uns-nicht-alle-umbringen-a-733977/}, letzter Zugriff: 30.12.2020.

28 Zit. n. Ulrich Schnabel, »Was macht uns künftig noch einzigartig?«, in: *Die Zeit*, 14/2018, 28. März 2018, {www.zeit.de/2018/14/

kuenstliche-intelligenz-menschen-maschine-verhaeltnis/komplettansicht}, letzter Zugriff: 30.12.2020.

29 Vgl. Kristina Flint, Co-Referat zu Elfriede Löchel, »Human Enhancement und Prometheische Scham. Eine psychoanalytische Betrachtung«, Vortrag auf der Tagung *Kritische Theorie – Psychoanalytische Praxis. Enhancement*, Universität Leipzig, 31. Januar – 3. Februar 2020.

30 Vgl. Neil Docherty, David Fanning, *Künstliche Intelligenz. Wettlauf der Großmächte*, ZDF-Dokumentation vom 2. Juli 2020, {www.zdf.de/dokumentation/zdfinfo-doku/-kuenstliche-intelligenz-wettlauf-der-grossmaechte-100.html}, letzter Zugriff: 07.10.2020.

31 Max Horkheimer, Theodor W. Adorno, *Dialektik der Aufklärung. Philosophische Fragmente* [1944], Frankfurt/M. 2001, S. 9.

32 In seiner Theorie des Partisanen interessiert sich Schmitt für Maos »pluralistische Vorstellung eines neuen Nomos der Erde«. Vgl. Carl Schmitt, *Theorie des Partisanen. Zwischenbemerkung zum Begriff des Politischen*, Berlin 1963, S. 62.

33 Theodor W. Adorno, »Spengler nach dem Untergang« [1938/1950], in: ders., *Gesammelte Schriften*, Bd. 10.1: *Kulturkritik und Gesellschaft I*, Frankfurt/M. 2003, S. 47–71, hier S. 50.

34 Alexandre Kojève, *Hegel. Eine Vergegenwärtigung seines Denkens. Kommentar zur »Phänomenologie des Geistes«*, Frankfurt/M. 1975, S. 190.
35 Ebd., S. 241.
36 Ebd., S. 183.
37 Adorno, *Minima Moralia*, S. 41.
38 Ian Morris, *Wer regiert die Welt? Warum Zivilisationen herrschen oder beherrscht werden*, Bonn 2011, S. 590.
39 Horkheimer/Adorno, *Dialektik der Aufklärung*, S. 43.
40 Hegel, *Vorlesungen über die Philosophie der Geschichte*, S. 147.
41 Vgl. Hans-Ulrich Gumbrecht, *Weltgeist im Silicon Valley. Leben und Denken im Zukunftsmodus*, Zürich 2018.
42 Zu dieser widersprüchlichen Verbindung von digital-unternehmerischer Leitmacht und gegenkulturellem Anspruch vgl. Richard Barbrook, Andy Cameron, »Die kalifornische Ideologie«, in: Tilman Baumgärtel (Hg.), *Texte zur Theorie des Internets* [1996], Stuttgart 2017, S. 150–180.
43 Zum Schisma zwischen East- und West Coast Straussians und den West-Coast-Konturen des Trumpismus vgl. Claudia Franziska Brühwiler, »›Claremonsters‹ in Defense of Trump: A First Look at the (Ab)Use of Strauss«, Beitrag zur ECPR General Conference am 23. August 2018 an der Universität Hamburg, {www.ale-

xandria.unisg.ch/254981/}, letzter Zugriff: 30.12.2020.

44 The Claremont Institute, »Conservatism in the Trump Era«, 16. März 2017, {www.claremont.org/event/conservatism-in-the-trump-era/}, letzter Zugriff: 30.12.2020.

45 Zit. n. Slavoj Žižek, »Unordnung unter dem Himmel«, in: *Spiegel Online*, 25. Juni 2016, {www.spiegel.de/kultur/gesellschaft/philosoph-slavoj-zizek-ueber-den-brexit-a-1099783.html}, letzter Zugriff: 01.12.2020.

46 Theodor W. Adorno, »Was bedeutet: Aufarbeitung der Vergangenheit?« [1959], in: ders., *Gesammelte Schriften*, Bd. 10.2: *Kulturkritik und Gesellschaft II*, Frankfurt/M. 2003, S. 555–572, hier S. 560.

47 Francis Fukuyama, »Die Art, wie wir denken, wird sich ändern«. Interview mit Jens Münchrath, in: *Handelsblatt*, 29. April 2020, {/www.handelsblatt.com/politik/international/us-politologe-im-interview-francis-fukuyama-die-art-wie-wir-denken-wird-sich-aendern/25779826.html}, letzter Zugriff: 30.12.2020.

48 George Packer, »Wir leben in einem gescheiterten Staat«, in: *Zeit Online*, 5. Mai 2020, {www.zeit.de/politik/ausland/2020-04/corona-krise-usa-donald-trump-pandemie-ungleichheit/komplettansicht}, letzter Zugriff: 10.12.2020.

49 Vgl. Ulrich Menzel, *Die Ordnung der Welt. Imperium oder Hegemonie in der Hierarchie der Staatenwelt*, Berlin 2015, S. 1005.

50 Vgl. Alexandre Kojève, *Überlebensformen*, Berlin 2007, S. 45 f.

51 Friederike Böge, »Ein Land, ein System«, in: *Frankfurter Allgemeine Zeitung*, 26. Mai 2020, {www.faz.net/aktuell/politik/ausland/chinas-sicherheitsgesetz-fuer-hongkong-ein-land-ein-system-16785446.html}, letzter Zugriff: 01.12.2020.

52 Mark Siemons, »Brückenkopf für ein neues Imperium. China artikuliert Machtanspruch in Hongkong«, in: *Frankfurter Allgemeine Zeitung*, 5. Juli 2020, {www.faz.net/aktuell/feuilleton/china-artikuliert-machtanspruch-in-hongkong-16845858.html}, letzter Zugriff: 01.12.2020.

53 Giovanni Arrighi, *Adam Smith in Beijing. Die Genealogie des 21. Jahrhunderts*, Hamburg 2008, S. 32.

54 Vgl. Fabian Heubel, *Chinesische Gegenwartsphilosophie zur Einführung*, Hamburg 2016, S. 64.

55 Ebd., S. 90.

56 Ebd.

57 Vgl. Susanne Weigelin-Schwiedrzik, »China – Das Zentrum der Weltrevolution. Die chinesische Kulturrevolution und ihre internationale Ausstrahlung«, in: Angelika Ebbinghaus,

Max Henninger, Marcel van der Linden (Hg.), *1968. Ein Blick auf die Protestbewegungen 40 Jahre danach aus globaler Perspektive*, Leipzig 2009, S. 21–44.

58 Andy Hertzfeld zit. n. Matthias Kremp, »Pirat, Geizhals, Notnagel. Anekdoten über Steve Jobs«, in: *Spiegel Online*, 7. Oktober 2011, {www.spiegel.de/netzwelt/gadgets/anekdoten-ueber-steve-jobs-pirat-geizhals-notnagel-a-790364.html}, letzter Zugriff: 26.12.2020.

59 Jaron Lanier, »Digitaler Maoismus«, in: *Süddeutsche Zeitung*, 10. Mai 2010, {www.sueddeutsche.de/kultur/das-so-genannte-web-2-0-digitaler-maoismus-1.434613}, letzter Zugriff: 13.12.2020.

60 Samuel P. Huntington, *Political Order in Changing Societies*, New Haven 1968, S. 134.

61 Zit. n. Parag Khanna, *Der Kampf um die Zweite Welt. Imperien und Einfluss in der neuen Weltordnung*, Berlin 2008, S. 468.

62 »Kleinbürgerlichkeit« lautete einmal ein scharfer Angriff auf die Integrität eines Kommunisten. Das muss es aber nicht sein, wie der Abschnitt über den globalen Babeuf zeigen wird.

63 Vgl. Heinz Dieter Kittsteiner, *Weltmarkt – Weltgeist – Weltgericht*, München 2008, S. 162.

64 Vgl. Zheng Bijian, »China's ›Peaceful Rise‹ to Great-Power Status«, in: *Foreign Affairs*, September/Oktober 2005, S. 18–24.

65 Zhao Tingyang, *Alles unter dem Himmel. Vergangenheit und Zukunft der Weltordnung* [2016], Frankfurt/M. 2020, S. 224.
66 Ebd., S. 224.
67 Ebd., S. 219.
68 Ebd., S. 226.
69 Ebd., S. 216.
70 Ebd., S. 214.
71 Vgl. ebd., S. 217.
72 Ebd., S. 33.
73 Georg Wilhelm Friedrich Hegel an F. I. Niethammer vom 13. Oktober 1806, in: ders., *Sämtliche Werke. Kritische Ausgabe. Briefe von und an Hegel*, Bd. 1, Hamburg 1952, S. 120.
74 Zit. n. Stefan Baron, Guangyan Yin-Baron, *Die Chinesen. Psychogramm einer Weltmacht*, Berlin 2018, S. 346.
75 Zit. n. Elisabeth Fehrenbach, *Vom Ancien Régime zum Wiener Kongress*, München 2008, S. 39.
76 Hegel an F. I. Niethammer.
77 Bernd Schneidmüller, *Die Kaiser des Mittelalters. Von Karl dem Großen bis Maximilian I.*, München 2006, S. 7.
78 Alain Badiou, *Die kommunistische Hypothese* [2009], Berlin 2011, S. 105.
79 Vgl. Hannah Arendt, *Über die Revolution* [1963], München 2011.
80 Paul Preciado, »Der Feminismus ist kein Humanismus« [2014], in: ders., *Ein Apartment*

auf dem Uranus. Chroniken eines Übergangs, Berlin 2020, S. 114–117, hier S. 114.

81 Heinrich von Kleist, »Über das Marionettentheater« [1810], in: ders., *Werke und Briefe in vier Bänden*, Bd. 3, Berlin/Weimar 1978, S. 473–481, hier S. 475.

82 Georg Wilhelm Friedrich Hegel, *Vorlesungen über die Ästhetik III*, in: ders., *Werke*, Bd. 15, Frankfurt/M. 1973, S. 130.

83 Vgl. Pierre Teilhard de Chardin, *Der Mensch im Kosmos*, München 1959.

84 Marshall McLuhan, *Die Gutenberg-Galaxis. Das Ende des Buchzeitalters* [1962], Bonn u. a. 1995, S. 42.

85 Theodor W. Adorno, »Spätkapitalismus oder Industriegesellschaft?« [1969], in: ders., *Gesammelte Schriften*, Bd. 8, Frankfurt/M. 2002, S. 354–370, hier S. 360.

86 Vgl. James Lovelock, *Novozän. Das kommende Zeitalter der Hyperintelligenz*, München 2020.

87 Vgl. Joely Ketterer, »Kann der Gott der Zukunft ein Computer sein?«, in: *Zeit WISSEN*, 2/2018, 13. Februar 2018, {www.zeit.de/zeitwissen/2018/02/kuenstliche-intelligenz-gott-computer}, letzter Zugriff: 27.11.2020.

88 Vgl. Peter Glaser, »Das Antwortgebende«, in: *Goethe-Institut*, März 2018 {www.goethe.de/ins/us/de/kul/tec/21177369.html?forceDesktop=1}, letzter Zugriff: 01.12.2020.

89 Vgl. Heinz Bude, »Verwundbarkeit macht

solidarisch«. Interview mit Christian Schröder, in: *Der Tagesspiegel*, 20. April 2020, {www.tagesspiegel.de/kultur/soziologe-bude-ueber-corona-folgen-fuer-die-gesellschaft-verwundbarkeit-macht-solidarisch/25757924.html}, letzter Zugriff: 01.12.2020.

90 Giorgio Agamben, »The Invention of an Epidemic«, in: *European Journal of Psychoanalysis*, 26. Februar 2020, {www.journal-psychoanalysis.eu/coronavirus-and-philosophers/}, letzter Zugriff: 01.12.2020.

91 Vgl. Slavoj Žižek, *Pandemic! COVID-19 Shakes the World*, New York 2020.

92 Maurizio Ferraris, »Liebe Leute, wollt ihr denn ewig leben?«, in: *Neue Zürcher Zeitung*, 19. März 2020, {www.nzz.ch/feuilleton/wir-werden-das-coronavirus-ueberleben-notizen-aus-der-quarantaene-ld.1547125?reduced=true}, letzter Zugriff: 01.12.2020.

93 Vgl. Peter Feldbauer, Gerald Hödl, Jean-Paul Lehners (Hg.), *Rhythmen der Globalisierung. Expansion und Kontraktion zwischen dem 13. und 20. Jahrhundert*, Wien 2010.

94 Vgl. Abu-Lughod, *Before European Hegemony*.

95 Vgl. David Herlihy, *Der Schwarze Tod und die Verwandlung Europas*, München 2000.

96 Vgl. Henk Overbeek, *Rivalität und ungleiche Entwicklung. Einführung in die internationale Politik aus der Sicht der Internationalen Politischen Ökonomie*, Wiesbaden 2008, S. 37 ff.

97 Vgl. Carlo M. Cipolla, *Segel und Kanonen. Die europäische Expansion zur See*, Berlin 1999.

98 Vgl. Yoram Hazony, *The Virtue of Nationalism*, New York 2018, S. 23.

99 Zit. n. Claus Hulverscheidt, »Auch Trump kann die Globalisierung nicht aufhalten«, in: *Süddeutsche Zeitung*, 18. Januar 2020, {www.sueddeutsche.de/wirtschaft/globalisierung-nationalismus-wirtschaft-1.4761195}, letzter Zugriff: 01.12.2020.

100 Vgl. Michael O'Sullivan, *The Levelling. What's Next After Globalization?*, New York 2019.

101 Vgl. Pankaj Mishra, *Bland Fanatics. Liberals, Race, and Empire*, New York 2020.

102 Zit. n. Lea Deuber, »Auf Konfrontationskurs«, in: *Süddeutsche Zeitung*, 27. Juli 2020, {www.sueddeutsche.de/politik/china-politik-xi-jinping-usa-hongkong-1.4979267?reduced=true}, letzter Zugriff: 07.12.2020.

103 Vgl. Herfried Münkler, »Die Welt braucht eine Ordnungsmacht – doch die fehlt«, in: *Der Tagesspiegel*, 21. August 2019, {www.tagesspiegel.de/kultur/krisen-kriege-und-konflikte-die-welt-braucht-eine-ordnungsmacht-doch-die-fehlt/24923844.html}, letzter Zugriff: 01.12.2020.

104 Vgl. Ludwig Dehio, »Gedanken über die deutsche Sendung 1900–1918«, in: ders., *Deutschland und die Weltpolitik im 20. Jahrhundert*, München 1955, S. 63–96.

105 Zhao, *Alles unter dem Himmel*, S. 234.

106 Vgl. Parag Khanna, »Bitte nicht streicheln«, in: *Die Zeit*, Nr. 24/2020, 4. Juni 2020.

107 Vgl. Jürgen Habermas, *Zur Verfassung Europas. Ein Essay*, Berlin 2011.

108 Vgl. Xie Libin, Haig Patapan, »Schmitt Fever. The use and abuse of Carl Schmitt in contemporary China«, in: *International Journal of Constitutional Law*, 18/1, Januar 2020, S. 130–146.

109 Vgl. Carl Schmitt, »Völkerrechtliche Großraumordnung mit Interventionsverbot für raumfremde Mächte. Ein Beitrag zum Reichsbegriff im Völkerrecht«, in: ders., *Staat, Großraum, Nomos. Arbeiten aus den Jahren 1916–1969*, herausgegeben von Günther Maschke, Berlin 1995, S. 269–371, hier S. 301.

110 Vgl. Isolde Charim, »Freiheit für die Unterwerfung«, in: *Die Tageszeitung*, 21. September 2020, {taz.de/Die-Forderungen-der-Coronaleugner/!5711547/}, letzter Zugriff: 05.12.2020.

111 Zit. n. Lucas Wieselberg, »Solidarität heißt heute: Abstand halten«, in: *science.ORF.at*, 18. März 2020, {science.orf.at/stories/3200252/}, letzter Zugriff: 01.12.2020.

112 Klaus Schwab, »Der Neoliberalismus hat ausgedient«. Interview mit Marcus Gatzke und Marlies Uken, in: *Zeit Online*, 21. September 2020, {www.zeit.de/wirtschaft/2020-09/corona-kapitalismus-rezession-wef-neoliberalis-

mus-klaus-schwab/komplettansicht}, letzter Zugriff: 01.12.2020.

113 Zit. n. Jürg Altwegg, »Das dritte Leben des Kommunismus«, in: *Frankfurter Allgemeine Zeitung*, 5. April 2020, {www.faz.net/aktuell/feuilleton/debatten/alain-badiou-glaubt-an-den-kommunismus-nach-corona-16710420.html}, letzter Zugriff: 01.12.2020.

114 Vgl. Ulrike Herrmann, »Zur Globalisierung verdammt«, in: *Die Tageszeitung*, 9. März 2020, {taz.de/Coronavirus-und-Weltwirtschaft/!5667155/}, letzter Zugriff: 05.12.2020.

115 Für diesen Hinweis danke ich meinem Freund Till Wendrich.

116 Vgl. Eva von Redecker, *Revolution für das Leben. Philosophie der neuen Protestformen*, Frankfurt/M. 2020.

117 Vgl. Rob Wallace, *Was Covid-19 mit der ökologischen Krise, dem Raubbau an der Natur und dem Agrobusiness zu tun hat*, Köln 2020.

118 Vgl. Jared Diamond, Nathan Wolfe, »How we can stop the next new virus«, in: *The Washington Post*, 16. März 2020, {www.washingtonpost.com/opinions/2020/03/16/how-we-can-stop-next-new-virus/}, letzter Zugriff: 05.12.2020.

119 Vgl. Wallace, *Was Covid-19 mit der ökologischen Krise, dem Raubbau an der Natur und dem Agrobusiness zu tun hat*.

120 Andreas Fisahn, »Corona und der demokratische Rechtsstaat«, in: *Attac Theorieblog*,

15. September 2020, {theorieblog.attac.de/corona-und-der-demokratische-rechtsstaat/}, letzter Zugriff: 01.12.2020.
121 Andreas Reckwitz, »Der Staat wird zum Risikomanager«, in: *Der Tagesspiegel*, 5. April 2020, {www.tagesspiegel.de/politik/corona-krise-als-training-der-staat-wird-zum-risikomanager/25713428.html}, letzter Zugriff: 27.12.2020.
122 Jürgen Kaube, »Zukunft nach Corona. Droht ein autoritärer Gesundheitsstaat – oder machen wir weiter wie immer?«, in: *Frankfurter Allgemeine Zeitung*, 25. Juni 2020, {www.faz.net/aktuell/gesellschaft/gesundheit/coronavirus/zukunft-nach-corona-droht-ein-autoritaerer-gesundheitsstaat-16819475.html}, letzter Zugriff: 01.12.2020.
123 Hegel, *Philosophie der Geschichte*, S. 604.
124 Andreas Reckwitz, »Verblendet vom Augenblick«, in: *Die Zeit*, 10. Juni 2020, S. 45.
125 Wolfgang Harich, *Kommunismus ohne Wachstum? Babeuf und der »Club of Rome«. Sechs Interviews mit Freimut Duve und Briefe an ihn*, Hamburg 1975, S. 186.
126 Herbert Marcuse, »Zur Kritik des Hedonismus« [1938], in: ders., *Schriften*, Bd. 3, Frankfurt/M. 1979, S. 250–285, hier S. 256.
127 Harich, *Kommunismus ohne Wachstum?*, S. 162.
128 Ulrich Menzel, *Die Ordnung der Welt*, S. 1008.
129 Kojève, *Überlebensformen*, S. 42.

130 Harich, *Kommunismus ohne Wachstum?*, S. 192.
131 Ebd., S. 167.
132 Ebd., S. 170.
133 Hegel, *Philosophie der Geschichte*, S. 177.
134 Ebd., S. 183.
135 Cornelia Vismann, *Akten – Medientechnik und Recht*, Frankfurt/M. 2000, S. 335.
136 Friedrich Kittler, »And the gods made love. Zum Tode von Cornelia Vismann«, in: Cornelia Vismann, *Das Schöne am Recht*, Berlin 2012, S. 43–48, hier S. 47 f.
137 Georg Wilhelm Friedrich Hegel, *Grundlinien der Philosophie des Rechts oder Naturrecht und Staatswissenschaft im Grundrisse* [1820], in: ders., *Werke*, Bd. 7, Frankfurt/M. 1970, S. 412.

Dritte Auflage Berlin 2025
Copyright © 2021 MSB Matthes & Seitz Berlin
Verlagsgesellschaft mbH
Großbeerenstraße 57A | 10965 Berlin
info@matthes-seitz-berlin.de
Alle Rechte vorbehalten.
Satz: Monika Grucza-Nápoles, Berlin
Druck und Bindung: Art-Druk, Szczecin
Umschlaggestaltung nach einer Idee von
Pierre Faucheux
ISBN 978-3-7518-0507-0